# COREANO

## VOCABULÁRIO

**PALAVRAS MAIS ÚTEIS**

# PORTUGUÊS
# COREANO

Para alargar o seu léxico e apurar
as suas competências linguísticas

## 3000 palavras

# Vocabulário Português-Coreano - 3000 palavras
Por Andrey Taranov

Os vocabulários da T&P Books destinam-se a ajudar a aprender, a memorizar, e a rever palavras estrangeiras. O dicionário é dividido em temas, cobrindo todas as principais esferas de atividades quotidianas, negócios, ciência, cultura, etc.

O processo de aprendizagem, utilizando os dicionários baseados em temáticas da T&P Books dá-lhe as seguintes vantagens:

- Informação de origem corretamente agrupada predetermina o sucesso em fases subsequentes da memorização de palavras
- Disponibilização de palavras derivadas da mesma raiz, o que permite a memorização de unidades de texto (em vez de palavras separadas)
- Pequenas unidades de palavras facilitam o processo de estabelecimento de vínculos associativos necessários para a consolidação do vocabulário
- O nível de conhecimento da língua pode ser estimado pelo número de palavras aprendidas

T&P Books Publishing
www.tpbooks.com

ISBN: 978-1-78616-581-7

Este livro também está disponível em formato E-book.
Por favor visite www.tpbooks.com ou as principais livrarias on-line.

# VOCABULÁRIO COREANO
## palavras mais úteis

Os vocabulários da T&P Books destinam-se a ajudar a aprender, a memorizar, e a rever palavras estrangeiras. O vocabulário contém mais de 3000 palavras de uso comum organizadas tematicamente.

O vocabulário contém as palavras mais comummente usadas
Recomendado como adicional para qualquer curso de línguas
Satisfaz as necessidades dos iniciados e dos alunos avançados de línguas estrangeiras
Conveniente para o uso diário, sessões de revisão e atividades de auto-teste
Permite avaliar o seu vocabulário

### Características especias do vocabulário

· As palavras estão organizadas de acordo com o seu significado, e não por ordem alfabética
· As palavras são apresentadas em três colunas para facilitar os processos de revisão e auto-teste
· As palavras compostas são divididas em pequenos blocos para facilitar o processo de aprendizagem
· O vocabulário oferece uma transcrição simples e adequada de cada palavra estrangeira

### O vocabulário contém 101 tópicos incluindo:

Conceitos básicos, Números, Cores, Meses, Estações do ano, Unidades de medida, Roupas & Acessórios, Alimentos & Nutrição, Restaurante, Membros da Família, Parentes, Caráter, Sentimentos, Emoções, Doenças, Cidade, Passeios, Compras, Dinheiro, Casa, Lar, Escritório, Trabalho no Escritório, Importação & Exportação, Marketing, Pesquisa de Emprego, Desportos, Educação, Computador, Internet, Ferramentas, Natureza, Países, Nacionalidades e muito mais ...

# TABELA DE CONTEÚDOS

# GUIA DE PRONUNCIAÇÃO

| Letra | Exemplo Coreano | Alfabeto fonético T&P | Exemplo Português |
|---|---|---|---|

## Consoantes

| Letra | Exemplo Coreano | Alfabeto fonético T&P | Exemplo Português |
|---|---|---|---|
| ㄱ [1] | 개 | [k] | kiwi |
| ㄱ [2] | 아기 | [g] | gosto |
| ㄲ | 꼄 | [k] | [k] tensionada |
| ㄴ | 눈 | [n] | natureza |
| ㄷ [3] | 달 | [t] | tulipa |
| ㄷ [4] | 사다리 | [d] | dentista |
| ㄸ | 딸 | [t] | [t] tensionada |
| ㄹ [5] | 라디오 | [r] | riscar |
| ㄹ [6] | 십팔 | [l] | libra |
| ㅁ | 문 | [m] | magnólia |
| ㅂ [7] | 봄 | [p] | presente |
| ㅂ [8] | 아버지 | [b] | barril |
| ㅃ | 빵 | [p] | [p] tensionada |
| ㅅ [9] | 실 | [s] | sanita |
| ㅅ [10] | 옷 | [t] | tulipa |
| ㅆ | 쌀 | [ja:] | Himalaias |
| ㅇ [11] | 강 | [ŋg] | flamingo |
| ㅈ [12] | 집 | [tɕ] | tchetcheno |
| ㅈ [13] | 아주 | [dʑ] | tajique |
| ㅉ | 짬 | [tɕ] | [tch] tensionado |
| ㅊ | 차 | [tʃh] | [tsch] aspirado |
| ㅌ | 택시 | [th] | [t] aspirada |
| ㅋ | 칼 | [kh] | [k] aspirada |
| ㅍ | 포도 | [ph] | [p] aspirada |
| ㅎ | 한국 | [h] | [h] aspirada |

## Vogais e combinações com vogais

| Letra | Exemplo Coreano | Alfabeto fonético T&P | Exemplo Português |
|---|---|---|---|
| ㅏ | 사 | [a] | chamar |
| ㅑ | 향 | [ja] | Himalaias |
| ㅓ | 머리 | [ʌ] | fax |

| Letra | Exemplo Coreano | Alfabeto fonético T&P | Exemplo Português |
|---|---|---|---|
| ㅕ | 병 | [jɑ] | Himalaias |
| ㅗ | 몸 | [o] | lobo |
| ㅛ | 표 | [jɔ] | ioga |
| ㅜ | 물 | [u] | bonita |
| ㅠ | 슈퍼 | [ju] | nacional |
| ㅡ | 음악 | [ɪ] | sinónimo |
| ㅣ | 길 | [i], [i:] | sinónimo |
| ㅐ | 뱀 | [ɛ], [ɛ:] | mover |
| ㅒ | 애기 | [je] | folheto |
| ㅔ | 펜 | [e] | metal |
| ㅖ | 계산 | [je] | folheto |
| ㅘ | 왕 | [wa] | Taiwan |
| ㅙ | 왜 | [ʊə] | adoecer |
| ㅚ | 회의 | [ø], [we] | orgulhoso, web |
| ㅝ | 권 | [uɔ] | álcool |
| ㅞ | 웬 | [ʊə] | adoecer |
| ㅟ | 쥐 | [wi] | kiwi |
| ㅢ | 거의 | [ɯi] | combinação [ɪi] |

## Comentários

[1] no início de uma palavra
[2] entre sons vocalizados
[3] no início de uma palavra
[4] entre sons vocalizados
[5] no fim de uma sílaba
[6] no fim de uma sílaba
[7] no início de uma palavra
[8] entre sons vocalizados
[9] no fim de uma sílaba
[10] no fim de uma sílaba
[11] no fim de uma sílaba
[12] no início de uma palavra
[13] entre sons vocalizados

# ABREVIATURAS
# usadas no vocabulário

## Abreviaturas do Português

| | | |
|---|---|---|
| adj | - | adjetivo |
| adv | - | advérbio |
| anim. | - | animado |
| conj. | - | conjunção |
| desp. | - | desporto |
| etc. | - | etecetra |
| ex. | - | por exemplo |
| f | - | nome feminino |
| f pl | - | feminino plural |
| fem. | - | feminino |
| inanim. | - | inanimado |
| m | - | nome masculino |
| m pl | - | masculino plural |
| m, f | - | masculino, feminino |
| masc. | - | masculino |
| mat. | - | matemática |
| mil. | - | militar |
| pl | - | plural |
| prep. | - | preposição |
| pron. | - | pronome |
| sb. | - | sobre |
| sing. | - | singular |
| v aux | - | verbo auxiliar |
| vi | - | verbo intransitivo |
| vi, vt | - | verbo intransitivo, transitivo |
| vr | - | verbo reflexivo |
| vt | - | verbo transitivo |

# CONCEITOS BÁSICOS

## 1. Pronomes

| | | |
|---|---|---|
| eu | 나, 저 | na |
| tu | 너 | neo |
| ele | 그, 그분 | geu, geu-bun |
| ela | 그녀 | geu-nyeo |
| ele, ela (neutro) | 그것 | geu-geot |
| nós | 우리 | u-ri |
| vocês | 너희 | neo-hui |
| você (sing.) | 당신 | dang-sin |
| eles, elas | 그들 | geu-deul |

## 2. Cumprimentos. Saudações

| | | |
|---|---|---|
| Olá! | 안녕! | an-nyeong! |
| Bom dia! (formal) | 안녕하세요! | an-nyeong-ha-se-yo! |
| Bom dia! (de manhã) | 안녕하세요! | an-nyeong-ha-se-yo! |
| Boa tarde! | 안녕하세요! | an-nyeong-ha-se-yo! |
| Boa noite! | 안녕하세요! | an-nyeong-ha-se-yo! |
| cumprimentar (vt) | 인사하다 | in-sa-ha-da |
| Olá! | 안녕! | an-nyeong! |
| saudação (f) | 인사 | in-sa |
| saudar (vt) | 인사하다 | in-sa-ha-da |
| Como vai? | 잘 지내세요? | jal ji-nae-se-yo? |
| O que há de novo? | 어떻게 지내? | eo-tteo-ke ji-nae? |
| Até à vista! | 안녕히 가세요! | an-nyeong-hi ga-se-yo! |
| Até breve! | 또 만나요! | tto man-na-yo! |
| Adeus! (sing.) | 잘 있어! | jal ri-seo! |
| Adeus! (pl) | 안녕히 계세요! | an-nyeong-hi gye-se-yo! |
| despedir-se (vr) | 작별인사를 하다 | jak-byeo-rin-sa-reul ha-da |
| Até logo! | 안녕! | an-nyeong! |
| Obrigado! -a! | 감사합니다! | gam-sa-ham-ni-da! |
| Muito obrigado! -a! | 대단히 감사합니다! | dae-dan-hi gam-sa-ham-ni-da! |
| De nada | 천만이에요 | cheon-man-i-e-yo |
| Não tem de quê | 천만의 말씀입니다 | cheon-man-ui mal-sseum-im-ni-da |
| De nada | 천만에 | cheon-man-e |
| Desculpa! | 실례! | sil-lye! |
| Desculpe! | 실례합니다! | sil-lye-ham-ni-da! |

| | | |
|---|---|---|
| desculpar (vt) | 용서하다 | yong-seo-ha-da |
| desculpar-se (vr) | 사과하다 | sa-gwa-ha-da |
| As minhas desculpas | 사과드립니다 | sa-gwa-deu-rim-ni-da |
| Desculpe! | 죄송합니다! | joe-song-ham-ni-da! |
| perdoar (vt) | 용서하다 | yong-seo-ha-da |
| por favor | 부탁합니다 | bu-tak-am-ni-da |
| | | |
| Não se esqueça! | 잊지 마십시오! | it-ji ma-sip-si-o! |
| Certamente! Claro! | 물론이에요! | mul-lon-i-e-yo! |
| Claro que não! | 물론 아니에요! | mul-lon a-ni-e-yo! |
| Está bem! De acordo! | 그래요! | geu-rae-yo! |
| Basta! | 그만! | geu-man! |

## 3. Questões

| | | |
|---|---|---|
| Quem? | 누구? | nu-gu? |
| Que? | 무엇? | mu-eot? |
| Onde? | 어디? | eo-di? |
| Para onde? | 어디로? | eo-di-ro? |
| De onde? | 어디로부터? | eo-di-ro-bu-teo? |
| Quando? | 언제? | eon-je? |
| Para quê? | 왜? | wae? |
| Porquê? | 왜? | wae? |
| | | |
| Para quê? | 무엇을 위해서? | mu-eos-eul rwi-hae-seo? |
| Como? | 어떻게? | eo-tteo-ke? |
| Qual? | 어떤? | eo-tteon? |
| Qual? (entre dois ou mais) | 어느? | eo-neu? |
| | | |
| A quem? | 누구에게? | nu-gu-e-ge? |
| Sobre quem? | 누구에 대하여? | nu-gu-e dae-ha-yeo? |
| Do quê? | 무엇에 대하여? | mu-eos-e dae-ha-yeo? |
| Com quem? | 누구하고? | nu-gu-ha-go? |
| Quanto, -os, -as? | 얼마? | eol-ma? |
| De quem? (masc.) | 누구의? | nu-gu-ui? |

## 4. Preposições

| | | |
|---|---|---|
| com (prep.) | ··· 하고 | ... ha-go |
| sem (prep.) | 없이 | eop-si |
| a, para (exprime lugar) | ··· 에 | ... e |
| sobre (ex. falar ~) | ··· 에 대하여 | ... e dae-ha-yeo |
| antes de ... | 전에 | jeon-e |
| diante de ... | ··· 앞에 | ... a-pe |
| | | |
| sob (debaixo de) | 밑에 | mi-te |
| sobre (em cima de) | 위에 | wi-e |
| sobre (~ a mesa) | 위에 | wi-e |
| de (vir ~ Lisboa) | ··· 에서 | ... e-seo |
| de (feito ~ pedra) | ··· 로 | ... ro |
| dentro de (~ dez minutos) | ··· 안에 | ... a-ne |
| por cima de ... | 너머 | dwi-e |

## 5. Palavras funcionais. Advérbios. Parte 1

| Onde? | 어디? | eo-di? |
|---|---|---|
| aqui | 여기 | yeo-gi |
| lá, ali | 거기 | geo-gi |

| em algum lugar | 어딘가 | eo-din-ga |
|---|---|---|
| em lugar nenhum | 어디도 | eo-di-do |

| ao pé de ... | 옆에 | yeo-pe |
|---|---|---|
| ao pé da janela | 창문 옆에 | chang-mun nyeo-pe |

| Para onde? | 어디로? | eo-di-ro? |
|---|---|---|
| para cá | 여기로 | yeo-gi-ro |
| para lá | 거기로 | geo-gi-ro |
| daqui | 여기서 | yeo-gi-seo |
| de lá, dali | 거기서 | geo-gi-seo |

| perto | 가까이 | ga-kka-i |
|---|---|---|
| longe | 멀리 | meol-li |

| perto de ... | 근처에 | geun-cheo-e |
|---|---|---|
| ao lado de | 인근에 | in-geu-ne |
| perto, não fica longe | 멀지 않게 | meol-ji an-ke |

| esquerdo | 왼쪽의 | oen-jjo-gui |
|---|---|---|
| à esquerda | 왼쪽에 | oen-jjo-ge |
| para esquerda | 왼쪽으로 | oen-jjo-geu-ro |

| direito | 오른쪽의 | o-reun-jjo-gui |
|---|---|---|
| à direita | 오른쪽에 | o-reun-jjo-ge |
| para direita | 오른쪽으로 | o-reun-jjo-geu-ro |

| à frente | 앞쪽에 | ap-jjo-ge |
|---|---|---|
| da frente | 앞의 | a-pui |
| em frente (para a frente) | 앞으로 | a-peu-ro |

| atrás de ... | 뒤에 | dwi-e |
|---|---|---|
| por detrás (vir ~) | 뒤에서 | dwi-e-seo |
| para trás | 뒤로 | dwi-ro |

| meio (m), metade (f) | 가운데 | ga-un-de |
|---|---|---|
| no meio | 가운데에 | ga-un-de-e |

| de lado | 옆에 | yeo-pe |
|---|---|---|
| em todo lugar | 모든 곳에 | mo-deun gos-e |
| ao redor (olhar ~) | 주위에 | ju-wi-e |

| de dentro | 내면에서 | nae-myeon-e-seo |
|---|---|---|
| para algum lugar | 어딘가에 | eo-din-ga-e |
| diretamente | 똑바로 | ttok-ba-ro |
| de volta | 뒤로 | dwi-ro |

| de algum lugar | 어디에서든지 | eo-di-e-seo-deun-ji |
|---|---|---|
| de um lugar | 어디로부터인지 | eo-di-ro-bu-teo-in-ji |

| em primeiro lugar | 첫째로 | cheot-jjae-ro |
| em segundo lugar | 둘째로 | dul-jjae-ro |
| em terceiro lugar | 셋째로 | set-jjae-ro |

| de repente | 갑자기 | gap-ja-gi |
| no início | 처음에 | cheo-eum-e |
| pela primeira vez | 처음으로 | cheo-eu-meu-ro |
| muito antes de ... | ··· 오래 전에 | ... o-rae jeon-e |
| de novo, novamente | 다시 | da-si |
| para sempre | 영원히 | yeong-won-hi |

| nunca | 절대로 | jeol-dae-ro |
| de novo | 다시 | da-si |
| agora | 이제 | i-je |
| frequentemente | 자주 | ja-ju |
| então | 그때 | geu-ttae |
| urgentemente | 급히 | geu-pi |
| usualmente | 보통으로 | bo-tong-eu-ro |

| a propósito, ... | 그건 그렇고, ··· | geu-geon geu-reo-ko, ... |
| é possível | 가능한 | ga-neung-han |
| provavelmente | 아마 | a-ma |
| talvez | 어쩌면 | eo-jjeo-myeon |
| além disso, ... | 게다가 ··· | ge-da-ga ... |
| por isso ... | 그래서 ··· | geu-rae-seo ... |
| apesar de ... | ··· 에도 불구하고 | ... e-do bul-gu-ha-go |
| graças a ... | ··· 덕분에 | ... deok-bun-e |

| algo | 무엇인가 | mu-eon-nin-ga |
| alguma coisa | 무엇이든지 | mu-eon-ni-deun-ji |
| nada | 아무것도 | a-mu-geot-do |

| alguém (~ teve uma ideia ...) | 누구 | nu-gu |
| alguém | 누군가 | nu-gun-ga |

| ninguém | 아무도 | a-mu-do |
| para lugar nenhum | 아무데도 | a-mu-de-do |
| de ninguém | 누구의 것도 아닌 | nu-gu-ui geot-do a-nin |
| de alguém | 누군가의 | nu-gun-ga-ui |

| tão | 그래서 | geu-rae-seo |
| também (gostaria ~ de ...) | 역시 | yeok-si |
| também (~ eu) | 또한 | tto-han |

## 6. Palavras funcionais. Advérbios. Parte 2

| Porquê? | 왜? | wae? |
| por alguma razão | 어떤 이유로 | eo-tteon ni-yu-ro |
| porque ... | 왜냐하면 ··· | wae-nya-ha-myeon ... |
| por qualquer razão | 어떤 목적으로 | eo-tteon mok-jeo-geu-ro |

| e (tu ~ eu) | 그리고 | geu-ri-go |
| ou (ser ~ não ser) | 또는 | tto-neun |
| mas (porém) | 그러나 | geu-reo-na |

| para (~ a minha mãe) | 위해서 | wi-hae-seo |
|---|---|---|
| demasiado, muito | 너무 | neo-mu |
| só, somente | … 만 | … man |
| exatamente | 정확하게 | jeong-hwak-a-ge |
| cerca de (~ 10 kg) | 약 | yak |

| aproximadamente | 대략 | dae-ryak |
|---|---|---|
| aproximado | 대략적인 | dae-ryak-jeo-gin |
| quase | 거의 | geo-ui |
| resto (m) | 나머지 | na-meo-ji |

| cada | 각각의 | gak-ga-gui |
|---|---|---|
| qualquer | 아무 | a-mu |
| muito | 많이 | ma-ni |
| muitas pessoas | 많은 사람들 | ma-neun sa-ram-deul |
| todos | 모두 | mo-du |

| em troca de … | … 의 교환으로 | … ui gyo-hwa-neu-ro |
|---|---|---|
| em troca | 교환으로 | gyo-hwa-neu-ro |
| à mão | 수공으로 | su-gong-eu-ro |
| pouco provável | 거의 | geo-ui |

| provavelmente | 아마 | a-ma |
|---|---|---|
| de propósito | 일부러 | il-bu-reo |
| por acidente | 우연히 | u-yeon-hi |

| muito | 아주 | a-ju |
|---|---|---|
| por exemplo | 예를 들면 | ye-reul deul-myeon |
| entre | 사이에 | sa-i-e |
| entre (no meio de) | 중에 | jung-e |
| tanto | 이만큼 | i-man-keum |
| especialmente | 특히 | teuk-i |

# NÚMEROS. DIVERSOS

## 7. Números cardinais. Parte 1

| | | |
|---|---|---|
| zero | 영 | yeong |
| um | 일 | il |
| dois | 이 | i |
| três | 삼 | sam |
| quatro | 사 | sa |
| cinco | 오 | o |
| seis | 육 | yuk |
| sete | 칠 | chil |
| oito | 팔 | pal |
| nove | 구 | gu |
| dez | 십 | sip |
| onze | 십일 | si-bil |
| doze | 십이 | si-bi |
| treze | 십삼 | sip-sam |
| catorze | 십사 | sip-sa |
| quinze | 십오 | si-bo |
| dezasseis | 십육 | si-byuk |
| dezassete | 십칠 | sip-chil |
| dezoito | 십팔 | sip-pal |
| dezanove | 십구 | sip-gu |
| vinte | 이십 | i-sip |
| vinte e um | 이십일 | i-si-bil |
| vinte e dois | 이십이 | i-si-bi |
| vinte e três | 이십삼 | i-sip-sam |
| trinta | 삼십 | sam-sip |
| trinta e um | 삼십일 | sam-si-bil |
| trinta e dois | 삼십이 | sam-si-bi |
| trinta e três | 삼십삼 | sam-sip-sam |
| quarenta | 사십 | sa-sip |
| quarenta e um | 사십일 | sa-si-bil |
| quarenta e dois | 사십이 | sa-si-bi |
| quarenta e três | 사십삼 | sa-sip-sam |
| cinquenta | 오십 | o-sip |
| cinquenta e um | 오십일 | o-si-bil |
| cinquenta e dois | 오십이 | o-si-bi |
| cinquenta e três | 오십삼 | o-sip-sam |
| sessenta | 육십 | yuk-sip |
| sessenta e um | 육십일 | yuk-si-bil |

| sessenta e dois | 육십이 | yuk-si-bi |
| sessenta e três | 육십삼 | yuk-sip-sam |

| setenta | 칠십 | chil-sip |
| setenta e um | 칠십일 | chil-si-bil |
| setenta e dois | 칠십이 | chil-si-bi |
| setenta e três | 칠십삼 | chil-sip-sam |

| oitenta | 팔십 | pal-sip |
| oitenta e um | 팔십일 | pal-si-bil |
| oitenta e dois | 팔십이 | pal-si-bi |
| oitenta e três | 팔십삼 | pal-sip-sam |

| noventa | 구십 | gu-sip |
| noventa e um | 구십일 | gu-si-bil |
| noventa e dois | 구십이 | gu-si-bi |
| noventa e três | 구십삼 | gu-sip-sam |

## 8. Números cardinais. Parte 2

| cem | 백 | baek |
| duzentos | 이백 | i-baek |
| trezentos | 삼백 | sam-baek |
| quatrocentos | 사백 | sa-baek |
| quinhentos | 오백 | o-baek |

| seiscentos | 육백 | yuk-baek |
| setecentos | 칠백 | chil-baek |
| oitocentos | 팔백 | pal-baek |
| novecentos | 구백 | gu-baek |

| mil | 천 | cheon |
| dois mil | 이천 | i-cheon |
| três mil | 삼천 | sam-cheon |
| dez mil | 만 | man |
| cem mil | 십만 | sim-man |
| um milhão | 백만 | baeng-man |
| mil milhões | 십억 | si-beok |

## 9. Números ordinais

| primeiro | 첫 번째의 | cheot beon-jjae-ui |
| segundo | 두 번째의 | du beon-jjae-ui |
| terceiro | 세 번째의 | se beon-jjae-ui |
| quarto | 네 번째의 | ne beon-jjae-ui |
| quinto | 다섯 번째의 | da-seot beon-jjae-ui |

| sexto | 여섯 번째의 | yeo-seot beon-jjae-ui |
| sétimo | 일곱 번째의 | il-gop beon-jjae-ui |
| oitavo | 여덟 번째의 | yeo-deol beon-jjae-ui |
| nono | 아홉 번째의 | a-hop beon-jjae-ui |
| décimo | 열 번째의 | yeol beon-jjae-ui |

# CORES. UNIDADES DE MEDIDA

## 10. Cores

| | | |
|---|---|---|
| cor (f) | 색 | sae |
| matiz (m) | 색조 | saek-jo |
| tom (m) | 색상 | saek-sang |
| arco-íris (m) | 무지개 | mu-ji-gae |
| | | |
| branco | 흰 | huin |
| preto | 검은 | geo-meun |
| cinzento | 회색의 | hoe-sae-gui |
| | | |
| verde | 초록색의 | cho-rok-sae-gui |
| amarelo | 노란 | no-ran |
| vermelho | 빨간 | ppal-gan |
| | | |
| azul | 파란 | pa-ran |
| azul claro | 하늘색의 | ha-neul-sae-gui |
| rosa | 분홍색의 | bun-hong-sae-gui |
| laranja | 주황색의 | ju-hwang-sae-gui |
| violeta | 보라색의 | bo-ra-sae-gui |
| castanho | 갈색의 | gal-sae-gui |
| | | |
| dourado | 금색의 | geum-sae-gui |
| prateado | 은색의 | eun-sae-gui |
| | | |
| bege | 베이지색의 | be-i-ji-sae-gui |
| creme | 크림색의 | keu-rim-sae-gui |
| turquesa | 청록색의 | cheong-nok-sae-gui |
| vermelho cereja | 암적색의 | am-jeok-sae-gui |
| lilás | 연보라색의 | yeon-bo-ra-sae-gui |
| carmesim | 진홍색의 | jin-hong-sae-gui |
| | | |
| claro | 밝은 | bal-geun |
| escuro | 짙은 | ji-teun |
| vivo | 선명한 | seon-myeong-han |
| | | |
| de cor | 색의 | sae-gui |
| a cores | 컬러의 | keol-leo-ui |
| preto e branco | 흑백의 | heuk-bae-gui |
| unicolor | 단색의 | dan-sae-gui |
| multicor | 다색의 | da-sae-gui |

## 11. Unidades de medida

| | | |
|---|---|---|
| peso (m) | 무게 | mu-ge |
| comprimento (m) | 길이 | gi-ri |

| | | |
|---|---|---|
| largura (f) | 폭, 너비 | pok, neo-bi |
| altura (f) | 높이 | no-pi |
| profundidade (f) | 깊이 | gi-pi |
| volume (m) | 부피 | bu-pi |
| área (f) | 면적 | myeon-jeok |
| | | |
| grama (m) | 그램 | geu-raem |
| miligrama (m) | 밀리그램 | mil-li-geu-raem |
| quilograma (m) | 킬로그램 | kil-lo-geu-raem |
| tonelada (f) | 톤 | ton |
| libra (453,6 gramas) | 파운드 | pa-un-deu |
| onça (f) | 온스 | on-seu |
| | | |
| metro (m) | 미터 | mi-teo |
| milímetro (m) | 밀리미터 | mil-li-mi-teo |
| centímetro (m) | 센티미터 | sen-ti-mi-teo |
| quilómetro (m) | 킬로미터 | kil-lo-mi-teo |
| milha (f) | 마일 | ma-il |
| | | |
| polegada (f) | 인치 | in-chi |
| pé (304,74 mm) | 피트 | pi-teu |
| jarda (914,383 mm) | 야드 | ya-deu |
| | | |
| metro (m) quadrado | 제곱미터 | je-gom-mi-teo |
| hectare (m) | 헥타르 | hek-ta-reu |
| | | |
| litro (m) | 리터 | ri-teo |
| grau (m) | 도 | do |
| volt (m) | 볼트 | bol-teu |
| ampere (m) | 암페어 | am-pe-eo |
| cavalo-vapor (m) | 마력 | ma-ryeok |
| | | |
| quantidade (f) | 수량, 양 | su-ryang, yang |
| um pouco de ... | ... 조금 | ... jo-geum |
| metade (f) | 절반 | jeol-ban |
| dúzia (f) | 다스 | da-seu |
| peça (f) | 조각 | jo-gak |
| | | |
| dimensão (f) | 크기 | keu-gi |
| escala (f) | 축척 | chuk-cheok |
| | | |
| mínimo | 최소의 | choe-so-ui |
| menor, mais pequeno | 가장 작은 | ga-jang ja-geun |
| médio | 중간의 | jung-gan-ui |
| máximo | 최대의 | choe-dae-ui |
| maior, mais grande | 가장 큰 | ga-jang keun |

## 12. Recipientes

| | | |
|---|---|---|
| boião (m) de vidro | 유리병 | yu-ri-byeong |
| lata (~ de cerveja) | 캔, 깡통 | kaen, kkang-tong |
| balde (m) | 양동이 | yang-dong-i |
| barril (m) | 통 | tong |
| bacia (~ de plástico) | 대야 | dae-ya |

| | | |
|---|---|---|
| tanque (m) | 탱크 | taeng-keu |
| cantil (m) de bolso | 휴대용 술병 | hyu-dae-yong sul-byeong |
| bidão (m) de gasolina | 통 | tong |
| cisterna (f) | 탱크 | taeng-keu |
| | | |
| caneca (f) | 머그컵 | meo-geu-keop |
| chávena (f) | 컵 | keop |
| pires (m) | 받침 접시 | bat-chim jeop-si |
| copo (m) | 유리잔 | yu-ri-jan |
| taça (f) de vinho | 와인글라스 | wa-in-geul-la-seu |
| panela, caçarola (f) | 냄비 | naem-bi |
| | | |
| garrafa (f) | 병 | byeong |
| gargalo (m) | 병목 | byeong-mok |
| | | |
| jarro, garrafa (f) | 디캔터 | di-kaen-teo |
| jarro (m) de barro | 물병 | mul-byeong |
| recipiente (m) | 용기 | yong-gi |
| pote (m) | 항아리 | hang-a-ri |
| vaso (m) | 화병 | hwa-byeong |
| | | |
| frasco (~ de perfume) | 향수병 | hyang-su-byeong |
| frasquinho (ex. ~ de iodo) | 약병 | yak-byeong |
| tubo (~ de pasta dentífrica) | 튜브 | tyu-beu |
| | | |
| saca (ex. ~ de açúcar) | 자루 | ja-ru |
| saco (~ de plástico) | 봉투 | bong-tu |
| maço (m) | 갑 | gap |
| | | |
| caixa (~ de sapatos, etc.) | 박스 | bak-seu |
| caixa (~ de madeira) | 상자 | sang-ja |
| cesta (f) | 바구니 | ba-gu-ni |

# VERBOS PRINCIPAIS

## 13. Os verbos mais importantes. Parte 1

| | | |
|---|---|---|
| abrir (vt) | 열다 | yeol-da |
| acabar, terminar (vt) | 끝내다 | kkeun-nae-da |
| aconselhar (vt) | 조언하다 | jo-eon-ha-da |
| adivinhar (vt) | 추측하다 | chu-cheuk-a-da |
| advertir (vt) | 경고하다 | gyeong-go-ha-da |
| | | |
| ajudar (vt) | 도와주다 | do-wa-ju-da |
| almoçar (vi) | 점심을 먹다 | jeom-si-meul meok-da |
| alugar (~ um apartamento) | 임대하다 | im-dae-ha-da |
| amar (vt) | 사랑하다 | sa-rang-ha-da |
| ameaçar (vt) | 협박하다 | hyeop-bak-a-da |
| | | |
| anotar (escrever) | 적다 | jeok-da |
| apanhar (vt) | 잡다 | jap-da |
| apressar-se (vr) | 서두르다 | seo-du-reu-da |
| arrepender-se (vr) | 후회하다 | hu-hoe-ha-da |
| assinar (vt) | 서명하다 | seo-myeong-ha-da |
| | | |
| atirar, disparar (vi) | 쏘다 | sso-da |
| brincar (vi) | 농담하다 | nong-dam-ha-da |
| brincar, jogar (crianças) | 놀다 | nol-da |
| buscar (vt) | … 를 찾다 | … reul chat-da |
| caçar (vi) | 사냥하다 | sa-nyang-ha-da |
| | | |
| cair (vi) | 떨어지다 | tteo-reo-ji-da |
| cavar (vt) | 파다 | pa-da |
| cessar (vt) | 그만두다 | geu-man-du-da |
| chamar (~ por socorro) | 부르다, 요청하다 | bu-reu-da, yo-cheong-ha-da |
| chegar (vi) | 도착하다 | do-chak-a-da |
| chorar (vi) | 울다 | ul-da |
| | | |
| começar (vt) | 시작하다 | si-jak-a-da |
| comparar (vt) | 비교하다 | bi-gyo-ha-da |
| compreender (vt) | 이해하다 | i-hae-ha-da |
| concordar (vi) | 동의하다 | dong-ui-ha-da |
| confiar (vt) | 신뢰하다 | sil-loe-ha-da |
| | | |
| confundir (equivocar-se) | 혼동하다 | hon-dong-ha-da |
| conhecer (vt) | 알다 | al-da |
| contar (fazer contas) | 세다 | se-da |
| contar com (esperar) | … 에 의지하다 | … e ui-ji-ha-da |
| continuar (vt) | 계속하다 | gye-sok-a-da |
| | | |
| controlar (vt) | 제어하다 | je-eo-ha-da |
| convidar (vt) | 초대하다 | cho-dae-ha-da |
| correr (vi) | 달리다 | dal-li-da |

| criar (vt) | 창조하다 | chang-jo-ha-da |
| custar (vt) | 값이 … 이다 | gap-si … i-da |

## 14. Os verbos mais importantes. Parte 2

| dar (vt) | 주다 | ju-da |
| dar uma dica | 힌트를 주다 | hin-teu-reul ju-da |
| decorar (enfeitar) | 장식하다 | jang-sik-a-da |
| defender (vt) | 방어하다 | bang-eo-ha-da |
| deixar cair (vt) | 떨어뜨리다 | tteo-reo-tteu-ri-da |

| descer (para baixo) | 내려오다 | nae-ryeo-o-da |
| desculpar-se (vr) | 사과하다 | sa-gwa-ha-da |
| dirigir (~ uma empresa) | 운영하다 | u-nyeong-ha-da |
| discutir (notícias, etc.) | 의논하다 | ui-non-ha-da |
| dizer (vt) | 말하다 | mal-ha-da |

| duvidar (vt) | 의심하다 | ui-sim-ha-da |
| encontrar (achar) | 찾다 | chat-da |
| enganar (vt) | 속이다 | so-gi-da |
| entrar (na sala, etc.) | 들어가다 | deu-reo-ga-da |
| enviar (uma carta) | 보내다 | bo-nae-da |

| errar (equivocar-se) | 실수하다 | sil-su-ha-da |
| escolher (vt) | 선택하다 | seon-taek-a-da |
| esconder (vt) | 숨기다 | sum-gi-da |
| escrever (vt) | 쓰다 | sseu-da |
| esperar (o autocarro, etc.) | 기다리다 | gi-da-ri-da |

| esperar (ter esperança) | 희망하다 | hui-mang-ha-da |
| esquecer (vt) | 잊다 | it-da |
| estudar (vt) | 공부하다 | gong-bu-ha-da |
| exigir (vt) | 요구하다 | yo-gu-ha-da |
| existir (vi) | 존재하다 | jon-jae-ha-da |

| explicar (vt) | 설명하다 | seol-myeong-ha-da |
| falar (vi) | 말하다 | mal-ha-da |
| faltar (clases, etc.) | 결석하다 | gyeol-seok-a-da |
| fazer (vt) | 하다 | ha-da |
| ficar em silêncio | 침묵을 지키다 | chim-mu-geul ji-ki-da |
| gabar-se, jactar-se (vr) | 자랑하다 | ja-rang-ha-da |

| gostar (apreciar) | 좋아하다 | jo-a-ha-da |
| gritar (vi) | 소리치다 | so-ri-chi-da |
| guardar (cartas, etc.) | 보관하다 | bo-gwan-ha-da |

| informar (vt) | 알리다 | al-li-da |
| insistir (vi) | 주장하다 | ju-jang-ha-da |

| insultar (vt) | 모욕하다 | mo-yok-a-da |
| interessar-se (vr) | … 에 관심을 가지다 | … e gwan-si-meul ga-ji-da |
| ir (a pé) | 가다 | ga-da |
| ir nadar | 수영하다 | su-yeong-ha-da |
| jantar (vi) | 저녁을 먹다 | jeo-nyeo-geul meok-da |

## 15. Os verbos mais importantes. Parte 3

| | | |
|---|---|---|
| ler (vt) | 읽다 | ik-da |
| libertar (cidade, etc.) | 해방하다 | hae-bang-ha-da |
| matar (vt) | 죽이다 | ju-gi-da |
| mencionar (vt) | 언급하다 | eon-geu-pa-da |
| mostrar (vt) | 보여주다 | bo-yeo-ju-da |
| | | |
| mudar (modificar) | 바꾸다 | ba-kku-da |
| nadar (vi) | 수영하다 | su-yeong-ha-da |
| negar-se (vt) | 거절하다 | geo-jeol-ha-da |
| objetar (vt) | 반대하다 | ban-dae-ha-da |
| | | |
| observar (vt) | 지켜보다 | ji-kyeo-bo-da |
| ordenar (mil.) | 명령하다 | myeong-nyeong-ha-da |
| ouvir (vt) | 듣다 | deut-da |
| pagar (vt) | 지불하다 | ji-bul-ha-da |
| parar (vi) | 정지하다 | jeong-ji-ha-da |
| | | |
| participar (vi) | 참가하다 | cham-ga-ha-da |
| pedir (comida) | 주문하다 | ju-mun-ha-da |
| pedir (um favor, etc.) | 부탁하다 | bu-tak-a-da |
| pegar (tomar) | 잡다 | jap-da |
| pensar (vt) | 생각하다 | saeng-gak-a-da |
| | | |
| perceber (ver) | 알아차리다 | a-ra-cha-ri-da |
| perdoar (vt) | 용서하다 | yong-seo-ha-da |
| perguntar (vt) | 묻다 | mut-da |
| permitir (vt) | 허가하다 | heo-ga-ha-da |
| pertencer (vt) | … 에 속하다 | … e sok-a-da |
| | | |
| planear (vt) | 계획하다 | gye-hoek-a-da |
| poder (vi) | 할 수 있다 | hal su it-da |
| possuir (vt) | 소유하다 | so-yu-ha-da |
| preferir (vt) | 선호하다 | seon-ho-ha-da |
| preparar (vt) | 요리하다 | yo-ri-ha-da |
| | | |
| prever (vt) | 예상하다 | ye-sang-ha-da |
| prometer (vt) | 약속하다 | yak-sok-a-da |
| pronunciar (vt) | 발음하다 | ba-reum-ha-da |
| propor (vt) | 제안하다 | je-an-ha-da |
| punir (castigar) | 처벌하다 | cheo-beol-ha-da |

## 16. Os verbos mais importantes. Parte 4

| | | |
|---|---|---|
| quebrar (vt) | 깨뜨리다 | kkae-tteu-ri-da |
| queixar-se (vr) | 불평하다 | bul-pyeong-ha-da |
| querer (desejar) | 원하다 | won-ha-da |
| recomendar (vt) | 추천하다 | chu-cheon-ha-da |
| repetir (dizer outra vez) | 반복하다 | ban-bok-a-da |
| | | |
| repreender (vt) | 꾸짖다 | kku-jit-da |
| reservar (~ um quarto) | 예약하다 | ye-yak-a-da |

| responder (vt) | 대답하다 | dae-da-pa-da |
| rezar, orar (vi) | 기도하다 | gi-do-ha-da |
| rir (vi) | 웃다 | ut-da |

| roubar (vt) | 훔치다 | hum-chi-da |
| saber (vt) | 알다 | al-da |
| sair (~ de casa) | 나가다 | na-ga-da |
| salvar (vt) | 구조하다 | gu-jo-ha-da |
| seguir ... | ··· 를 따라가다 | ... reul tta-ra-ga-da |

| sentar-se (vr) | 앉다 | an-da |
| ser necessário | 필요하다 | pi-ryo-ha-da |
| significar (vt) | 의미하다 | ui-mi-ha-da |

| sorrir (vi) | 미소를 짓다 | mi-so-reul jit-da |
| subestimar (vt) | 과소평가하다 | gwa-so-pyeong-ga-ha-da |
| surpreender-se (vr) | 놀라다 | nol-la-da |
| tentar (vt) | 해보다 | hae-bo-da |

| ter (vt) | 가지다 | ga-ji-da |
| ter fome | 배가 고프다 | bae-ga go-peu-da |
| ter medo | 무서워하다 | mu-seo-wo-ha-da |
| ter sede | 목마르다 | mong-ma-reu-da |

| tocar (com as mãos) | 닿다 | da-ta |
| tomar o pequeno-almoço | 아침을 먹다 | a-chi-meul meok-da |
| trabalhar (vi) | 일하다 | il-ha-da |
| traduzir (vt) | 번역하다 | beo-nyeok-a-da |
| unir (vt) | 연합하다 | yeon-ha-pa-da |

| vender (vt) | 팔다 | pal-da |
| ver (vt) | 보다 | bo-da |
| virar (ex. ~ à direita) | 돌다 | dol-da |
| voar (vi) | 날다 | nal-da |

# TEMPO. CALENDÁRIO

## 17. Dias da semana

| | | |
|---|---|---|
| segunda-feira (f) | 월요일 | wo-ryo-il |
| terça-feira (f) | 화요일 | hwa-yo-il |
| quarta-feira (f) | 수요일 | su-yo-il |
| quinta-feira (f) | 목요일 | mo-gyo-il |
| sexta-feira (f) | 금요일 | geu-myo-il |
| sábado (m) | 토요일 | to-yo-il |
| domingo (m) | 일요일 | i-ryo-il |
| | | |
| hoje | 오늘 | o-neul |
| amanhã | 내일 | nae-il |
| depois de amanhã | 모레 | mo-re |
| ontem | 어제 | eo-je |
| anteontem | 그저께 | geu-jeo-kke |
| | | |
| dia (m) | 낮 | nat |
| dia (m) de trabalho | 근무일 | geun-mu-il |
| feriado (m) | 공휴일 | gong-hyu-il |
| dia (m) de folga | 휴일 | hyu-il |
| fim (m) de semana | 주말 | ju-mal |
| | | |
| o dia todo | 하루종일 | ha-ru-jong-il |
| no dia seguinte | 다음날 | da-eum-nal |
| há dois dias | 이틀 전 | i-teul jeon |
| na véspera | 전날 | jeon-nal |
| diário | 일간의 | il-ga-nui |
| todos os dias | 매일 | mae-il |
| | | |
| semana (f) | 주 | ju |
| na semana passada | 지난 주에 | ji-nan ju-e |
| na próxima semana | 다음 주에 | da-eum ju-e |
| semanal | 주간의 | ju-ga-nui |
| cada semana | 매주 | mae-ju |
| duas vezes por semana | 일주일에 두번 | il-ju-i-re du-beon |
| cada terça-feira | 매주 화요일 | mae-ju hwa-yo-il |

## 18. Horas. Dia e noite

| | | |
|---|---|---|
| manhã (f) | 아침 | a-chim |
| de manhã | 아침에 | a-chim-e |
| meio-dia (m) | 정오 | jeong-o |
| à tarde | 오후에 | o-hu-e |
| | | |
| noite (f) | 저녁 | jeo-nyeok |
| à noite (noitinha) | 저녁에 | jeo-nyeo-ge |

| | | |
|---|---|---|
| noite (f) | 밤 | bam |
| à noite | 밤에 | bam-e |
| meia-noite (f) | 자정 | ja-jeong |

| | | |
|---|---|---|
| segundo (m) | 초 | cho |
| minuto (m) | 분 | bun |
| hora (f) | 시 | si |
| meia hora (f) | 반시간 | ban-si-gan |
| quarto (m) de hora | 십오분 | si-bo-bun |
| quinze minutos | 십오분 | si-bo-bun |
| vinte e quatro horas | 이십사시간 | i-sip-sa-si-gan |

| | | |
|---|---|---|
| nascer (m) do sol | 일출 | il-chul |
| amanhecer (m) | 새벽 | sae-byeok |
| madrugada (f) | 이른 아침 | i-reun a-chim |
| pôr do sol (m) | 저녁 노을 | jeo-nyeok no-eul |

| | | |
|---|---|---|
| de madrugada | 이른 아침에 | i-reun a-chim-e |
| hoje de manhã | 오늘 아침에 | o-neul ra-chim-e |
| amanhã de manhã | 내일 아침에 | nae-il ra-chim-e |

| | | |
|---|---|---|
| hoje à tarde | 오늘 오후에 | o-neul ro-hu-e |
| à tarde | 오후에 | o-hu-e |
| amanhã à tarde | 내일 오후에 | nae-il ro-hu-e |

| | | |
|---|---|---|
| hoje à noite | 오늘 저녁에 | o-neul jeo-nyeo-ge |
| amanhã à noite | 내일 밤에 | nae-il bam-e |

| | | |
|---|---|---|
| às três horas em ponto | 3시 정각에 | se-si jeong-ga-ge |
| por volta das quatro | 4시쯤에 | ne-si-jjeu-me |
| às doze | 12시까지 | yeoldu si-kka-ji |

| | | |
|---|---|---|
| dentro de vinte minutos | 20분 안에 | isib-bun na-ne |
| dentro duma hora | 한 시간 안에 | han si-gan na-ne |
| a tempo | 제시간에 | je-si-gan-e |

| | | |
|---|---|---|
| menos um quarto | … 십오 분 | … si-bo bun |
| durante uma hora | 한 시간 내에 | han si-gan nae-e |
| a cada quinze minutos | 15분 마다 | sibo-bun ma-da |
| as vinte e quatro horas | 하루종일 | ha-ru-jong-il |

## 19. Meses. Estações

| | | |
|---|---|---|
| janeiro (m) | 일월 | i-rwol |
| fevereiro (m) | 이월 | i-wol |
| março (m) | 삼월 | sam-wol |
| abril (m) | 사월 | sa-wol |
| maio (m) | 오월 | o-wol |
| junho (m) | 유월 | yu-wol |

| | | |
|---|---|---|
| julho (m) | 칠월 | chi-rwol |
| agosto (m) | 팔월 | pa-rwol |
| setembro (m) | 구월 | gu-wol |
| outubro (m) | 시월 | si-wol |

| | | |
|---|---|---|
| novembro (m) | 십일월 | si-bi-rwol |
| dezembro (m) | 십이월 | si-bi-wol |
| | | |
| primavera (f) | 봄 | bom |
| na primavera | 봄에 | bom-e |
| primaveril | 봄의 | bom-ui |
| | | |
| verão (m) | 여름 | yeo-reum |
| no verão | 여름에 | yeo-reum-e |
| de verão | 여름의 | yeo-reu-mui |
| | | |
| outono (m) | 가을 | ga-eul |
| no outono | 가을에 | ga-eu-re |
| outonal | 가을의 | ga-eu-rui |
| | | |
| inverno (m) | 겨울 | gyeo-ul |
| no inverno | 겨울에 | gyeo-u-re |
| de inverno | 겨울의 | gyeo-ul |
| | | |
| mês (m) | 월, 달 | wol, dal |
| este mês | 이번 달에 | i-beon da-re |
| no próximo mês | 다음 달에 | da-eum da-re |
| no mês passado | 지난 달에 | ji-nan da-re |
| | | |
| há um mês | 한달 전에 | han-dal jeon-e |
| dentro de um mês | 한 달 안에 | han dal ra-ne |
| dentro de dois meses | 두 달 안에 | du dal ra-ne |
| todo o mês | 한 달 내내 | han dal lae-nae |
| um mês inteiro | 한달간 내내 | han-dal-gan nae-nae |
| | | |
| mensal | 월간의 | wol-ga-nui |
| mensalmente | 매월, 매달 | mae-wol, mae-dal |
| cada mês | 매달 | mae-dal |
| duas vezes por mês | 한 달에 두 번 | han da-re du beon |
| | | |
| ano (m) | 년 | nyeon |
| este ano | 올해 | ol-hae |
| no próximo ano | 내년 | nae-nyeon |
| no ano passado | 작년 | jang-nyeon |
| | | |
| há um ano | 일년 전 | il-lyeon jeon |
| dentro dum ano | 일 년 안에 | il lyeon na-ne |
| dentro de 2 anos | 이 년 안에 | i nyeon na-ne |
| todo o ano | 한 해 전체 | han hae jeon-che |
| um ano inteiro | 일년 내내 | il-lyeon nae-nae |
| | | |
| cada ano | 매년 | mae-nyeon |
| anual | 연간의 | yeon-ga-nui |
| anualmente | 매년 | mae-nyeon |
| quatro vezes por ano | 일년에 네 번 | il-lyeon-e ne beon |
| | | |
| data (~ de hoje) | 날짜 | nal-jja |
| data (ex. ~ de nascimento) | 월일 | wo-ril |
| calendário (m) | 달력 | dal-lyeok |
| meio ano | 반년 | ban-nyeon |
| seis meses | 육개월 | yuk-gae-wol |

estação (f)          계절          gye-jeol
século (m)          세기          se-gi

# VIAGENS. HOTEL

## 20. Viagens

| | | |
|---|---|---|
| turismo (m) | 관광 | gwan-gwang |
| turista (m) | 관광객 | gwan-gwang-gaek |
| viagem (f) | 여행 | yeo-haeng |
| aventura (f) | 모험 | mo-heom |
| viagem (f) | 여행 | yeo-haeng |
| | | |
| férias (f pl) | 휴가 | hyu-ga |
| estar de férias | 휴가 중이다 | hyu-ga jung-i-da |
| descanso (m) | 휴양 | hyu-yang |
| | | |
| comboio (m) | 기차 | gi-cha |
| de comboio (chegar ~) | 기차로 | gi-cha-ro |
| avião (m) | 비행기 | bi-haeng-gi |
| de avião | 비행기로 | bi-haeng-gi-ro |
| de carro | 자동차로 | ja-dong-cha-ro |
| de navio | 배로 | bae-ro |
| | | |
| bagagem (f) | 짐, 수하물 | jim, su-ha-mul |
| mala (f) | 여행 가방 | yeo-haeng ga-bang |
| carrinho (m) | 수하물 카트 | su-ha-mul ka-teu |
| | | |
| passaporte (m) | 여권 | yeo-gwon |
| visto (m) | 비자 | bi-ja |
| bilhete (m) | 표 | pyo |
| bilhete (m) de avião | 비행기표 | bi-haeng-gi-pyo |
| | | |
| guia (m) de viagem | 여행 안내서 | yeo-haeng an-nae-seo |
| mapa (m) | 지도 | ji-do |
| local (m), area (f) | 지역 | ji-yeok |
| lugar, sítio (m) | 곳 | got |
| | | |
| exotismo (m) | 이국 | i-guk |
| exótico | 이국적인 | i-guk-jeo-gin |
| surpreendente | 놀라운 | nol-la-un |
| | | |
| grupo (m) | 무리 | mu-ri |
| excursão (f) | 견학, 관광 | gyeon-hak, gwan-gwang |
| guia (m) | 가이드 | ga-i-deu |

## 21. Hotel

| | | |
|---|---|---|
| hotel (m), pensão (f) | 호텔 | ho-tel |
| motel (m) | 모텔 | mo-tel |
| três estrelas | 3성급 | sam-seong-geub |

| cinco estrelas | 5성급 | o-seong-geub |
| ficar (~ num hotel) | 머무르다 | meo-mu-reu-da |

| quarto (m) | 객실 | gaek-sil |
| quarto (m) individual | 일인실 | i-rin-sil |
| quarto (m) duplo | 더블룸 | deo-beul-lum |
| reservar um quarto | 방을 예약하다 | bang-eul rye-yak-a-da |

| meia pensão (f) | 하숙 | ha-suk |
| pensão (f) completa | 식사 제공 | sik-sa je-gong |

| com banheira | 욕조가 있는 | yok-jo-ga in-neun |
| com duche | 샤워가 있는 | sya-wo-ga in-neun |
| televisão (m) satélite | 위성 텔레비전 | wi-seong tel-le-bi-jeon |
| ar (m) condicionado | 에어컨 | e-eo-keon |
| toalha (f) | 수건 | su-geon |
| chave (f) | 열쇠 | yeol-soe |

| administrador (m) | 관리자 | gwal-li-ja |
| camareira (f) | 객실 청소부 | gaek-sil cheong-so-bu |
| bagageiro (m) | 포터 | po-teo |
| porteiro (m) | 도어맨 | do-eo-maen |

| restaurante (m) | 레스토랑 | re-seu-to-rang |
| bar (m) | 바 | ba |
| pequeno-almoço (m) | 아침식사 | a-chim-sik-sa |
| jantar (m) | 저녁식사 | jeo-nyeok-sik-sa |
| buffet (m) | 뷔페 | bwi-pe |

| hall (m) de entrada | 로비 | ro-bi |
| elevador (m) | 엘리베이터 | el-li-be-i-teo |

| NÃO PERTURBE | 방해하지 마세요 | bang-hae-ha-ji ma-se-yo |
| PROIBIDO FUMAR! | 금연 | geu-myeon |

## 22. Turismo

| monumento (m) | 기념비 | gi-nyeom-bi |
| fortaleza (f) | 요새 | yo-sae |
| palácio (m) | 궁전 | gung-jeon |
| castelo (m) | 성 | seong |
| torre (f) | 탑 | tap |
| mausoléu (m) | 영묘 | yeong-myo |

| arquitetura (f) | 건축 | geon-chuk |
| medieval | 중세의 | jung-se-ui |
| antigo | 고대의 | go-dae-ui |
| nacional | 국가의 | guk-ga-ui |
| conhecido | 유명한 | yu-myeong-han |

| turista (m) | 관광객 | gwan-gwang-gaek |
| guia (pessoa) | 가이드 | ga-i-deu |
| excursão (f) | 견학, 관광 | gyeon-hak, gwan-gwang |
| mostrar (vt) | 보여주다 | bo-yeo-ju-da |

| | | |
|---|---|---|
| contar (vt) | 이야기하다 | i-ya-gi-ha-da |
| encontrar (vt) | 찾다 | chat-da |
| perder-se (vr) | 길을 잃다 | gi-reul ril-ta |
| mapa (~ do metrô) | 노선도 | no-seon-do |
| mapa (~ da cidade) | 지도 | ji-do |
| | | |
| lembrança (f), presente (m) | 기념품 | gi-nyeom-pum |
| loja (f) de presentes | 기념품 가게 | gi-nyeom-pum ga-ge |
| fotografar (vt) | 사진을 찍다 | sa-ji-neul jjik-da |
| fotografar-se | 사진을 찍다 | sa-ji-neul jjik-da |

# TRANSPORTES

## 23. Aeroporto

| | | |
|---|---|---|
| aeroporto (m) | 공항 | gong-hang |
| avião (m) | 비행기 | bi-haeng-gi |
| companhia (f) aérea | 항공사 | hang-gong-sa |
| controlador (m) de tráfego aéreo | 관제사 | gwan-je-sa |
| | | |
| partida (f) | 출발 | chul-bal |
| chegada (f) | 도착 | do-chak |
| chegar (~ de avião) | 도착하다 | do-chak-a-da |
| | | |
| hora (f) de partida | 출발시간 | chul-bal-si-gan |
| hora (f) de chegada | 도착시간 | do-chak-si-gan |
| | | |
| estar atrasado | 연기되다 | yeon-gi-doe-da |
| atraso (m) de voo | 항공기 지연 | hang-gong-gi ji-yeon |
| | | |
| painel (m) de informação | 안내 전광판 | an-nae jeon-gwang-pan |
| informação (f) | 정보 | jeong-bo |
| anunciar (vt) | 알리다 | al-li-da |
| voo (m) | 비행편 | bi-haeng-pyeon |
| | | |
| alfândega (f) | 세관 | se-gwan |
| funcionário (m) da alfândega | 세관원 | se-gwan-won |
| | | |
| declaração (f) alfandegária | 세관신고서 | se-gwan-sin-go-seo |
| preencher a declaração | 세관 신고서를 작성하다 | se-gwan sin-go-seo-reul jak-seong-ha-da |
| | | |
| controlo (m) de passaportes | 여권 검사 | yeo-gwon geom-sa |
| | | |
| bagagem (f) | 짐, 수하물 | jim, su-ha-mul |
| bagagem (f) de mão | 휴대 가능 수하물 | hyu-dae ga-neung su-ha-mul |
| carrinho (m) | 수하물 카트 | su-ha-mul ka-teu |
| | | |
| aterragem (f) | 착륙 | chang-nyuk |
| pista (f) de aterragem | 활주로 | hwal-ju-ro |
| aterrar (vi) | 착륙하다 | chang-nyuk-a-da |
| escada (f) de avião | 승강계단 | seung-gang-gye-dan |
| | | |
| check-in (m) | 체크인 | che-keu-in |
| balcão (m) do check-in | 체크인 카운터 | che-keu-in ka-un-teo |
| fazer o check-in | 체크인하다 | che-keu-in-ha-da |
| cartão (m) de embarque | 탑승권 | tap-seung-gwon |
| porta (f) de embarque | 탑승구 | tap-seung-gu |
| | | |
| trânsito (m) | 트랜짓, 환승 | teu-raen-sit, hwan-seung |
| esperar (vi, vt) | 기다리다 | gi-da-ri-da |

| sala (f) de espera | 공항 라운지 | gong-hang na-un-ji |
| despedir-se de … | 배웅하다 | bae-ung-ha-da |
| despedir-se (vr) | 작별인사를 하다 | jak-byeo-rin-sa-reul ha-da |

## 24. Avião

| avião (m) | 비행기 | bi-haeng-gi |
| bilhete (m) de avião | 비행기표 | bi-haeng-gi-pyo |
| companhia (f) aérea | 항공사 | hang-gong-sa |
| aeroporto (m) | 공항 | gong-hang |
| supersónico | 초음속의 | cho-eum-so-gui |

| piloto (m) | 비행사 | bi-haeng-sa |
| hospedeira (f) de bordo | 승무원 | seung-mu-won |
| copiloto (m) | 항법사 | hang-beop-sa |

| asas (f pl) | 날개 | nal-gae |
| cauda (f) | 꼬리 | kko-ri |
| cabine (f) de pilotagem | 조종석 | jo-jong-seok |
| motor (m) | 엔진 | en-jin |
| trem (m) de aterragem | 착륙 장치 | chang-nyuk jang-chi |
| turbina (f) | 터빈 | teo-bin |

| hélice (f) | 추진기 | chu-jin-gi |
| caixa-preta (f) | 블랙박스 | beul-laek-bak-seu |
| coluna (f) de controlo | 조종간 | jo-jong-gan |
| combustível (m) | 연료 | yeol-lyo |
| instruções (f pl) de segurança | 안전 안내서 | an-jeon an-nae-seo |
| máscara (f) de oxigénio | 산소 마스크 | san-so ma-seu-keu |
| uniforme (m) | 제복 | je-bok |
| colete (m) salva-vidas | 구명조끼 | gu-myeong-jo-kki |
| paraquedas (m) | 낙하산 | nak-a-san |

| descolagem (f) | 이륙 | i-ryuk |
| descolar (vi) | 이륙하다 | i-ryuk-a-da |
| pista (f) de descolagem | 활주로 | hwal-ju-ro |

| visibilidade (f) | 시계 | si-gye |
| voo (m) | 비행 | bi-haeng |
| altura (f) | 고도 | go-do |
| poço (m) de ar | 에어 포켓 | e-eo po-ket |

| assento (m) | 자리 | ja-ri |
| auscultadores (m pl) | 헤드폰 | he-deu-pon |
| mesa (f) rebatível | 접는 테이블 | jeom-neun te-i-beul |
| vigia (f) | 창문 | chang-mun |
| passagem (f) | 통로 | tong-no |

## 25. Comboio

| comboio (m) | 기차, 열차 | gi-cha, nyeol-cha |
| comboio (m) suburbano | 통근 열차 | tong-geun nyeol-cha |

| comboio (m) rápido | 급행 열차 | geu-paeng yeol-cha |
| locomotiva (f) diesel | 디젤 기관차 | di-jel gi-gwan-cha |
| comboio (m) a vapor | 증기 기관차 | jeung-gi gi-gwan-cha |

| carruagem (f) | 객차 | gaek-cha |
| carruagem restaurante (f) | 식당차 | sik-dang-cha |

| carris (m pl) | 레일 | re-il |
| caminho de ferro (m) | 철도 | cheol-do |
| travessa (f) | 침목 | chim-mok |

| plataforma (f) | 플랫폼 | peul-laet-pom |
| linha (f) | 길 | gil |
| semáforo (m) | 신호기 | sin-ho-gi |
| estação (f) | 역 | yeok |

| maquinista (m) | 기관사 | gi-gwan-sa |
| bagageiro (m) | 포터 | po-teo |
| hospedeiro, -a (da carruagem) | 차장 | cha-jang |
| passageiro (m) | 승객 | seung-gaek |
| revisor (m) | 검표원 | geom-pyo-won |

| corredor (m) | 통로 | tong-no |
| freio (m) de emergência | 비상 브레이크 | bi-sang beu-re-i-keu |
| compartimento (m) | 침대차 | chim-dae-cha |
| cama (f) | 침대 | chim-dae |
| cama (f) de cima | 윗침대 | wit-chim-dae |
| cama (f) de baixo | 아래 침대 | a-rae chim-dae |
| roupa (f) de cama | 침구 | chim-gu |

| bilhete (m) | 표 | pyo |
| horário (m) | 시간표 | si-gan-pyo |
| painel (m) de informação | 안내 전광판 | an-nae jeon-gwang-pan |

| partir (vt) | 떠난다 | tteo-na-da |
| partida (f) | 출발 | chul-bal |
| chegar (vi) | 도착하다 | do-chak-a-da |
| chegada (f) | 도착 | do-chak |

| chegar de comboio | 기차로 도착하다 | gi-cha-ro do-chak-a-da |
| apanhar o comboio | 기차에 타다 | gi-cha-e ta-da |
| sair do comboio | 기차에서 내리다 | gi-cha-e-seo nae-ri-da |

| acidente (m) ferroviário | 기차 사고 | gi-cha sa-go |
| comboio (m) a vapor | 증기 기관차 | jeung-gi gi-gwan-cha |
| fogueiro (m) | 화부 | hwa-bu |
| fornalha (f) | 화실 | hwa-sil |
| carvão (m) | 석탄 | seok-tan |

## 26. Barco

| navio (m) | 배 | bae |
| embarcação (f) | 배 | bae |

| | | |
|---|---|---|
| vapor (m) | 증기선 | jeung-gi-seon |
| navio (m) | 강배 | gang-bae |
| transatlântico (m) | 크루즈선 | keu-ru-jeu-seon |
| cruzador (m) | 순양함 | su-nyang-ham |
| | | |
| iate (m) | 요트 | yo-teu |
| rebocador (m) | 예인선 | ye-in-seon |
| | | |
| veleiro (m) | 범선 | beom-seon |
| bergantim (m) | 쌍돛대 범선 | ssang-dot-dae beom-seon |
| | | |
| quebra-gelo (m) | 쇄빙선 | swae-bing-seon |
| submarino (m) | 잠수함 | jam-su-ham |
| | | |
| bote, barco (m) | 보트 | bo-teu |
| bote, dingue (m) | 종선 | jong-seon |
| bote (m) salva-vidas | 구조선 | gu-jo-seon |
| lancha (f) | 모터보트 | mo-teo-bo-teu |
| | | |
| capitão (m) | 선장 | seon-jang |
| marinheiro (m) | 수부 | su-bu |
| marujo (m) | 선원 | seon-won |
| tripulação (f) | 승무원 | seung-mu-won |
| | | |
| contramestre (m) | 갑판장 | gap-pan-jang |
| cozinheiro (m) de bordo | 요리사 | yo-ri-sa |
| médico (m) de bordo | 선의 | seon-ui |
| | | |
| convés (m) | 갑판 | gap-pan |
| mastro (m) | 돛대 | dot-dae |
| vela (f) | 돛 | dot |
| | | |
| porão (m) | 화물칸 | hwa-mul-kan |
| proa (f) | 이물 | i-mul |
| popa (f) | 고물 | go-mul |
| remo (m) | 노 | no |
| hélice (f) | 스크루 | seu-keu-ru |
| | | |
| camarote (m) | 선실 | seon-sil |
| sala (f) dos oficiais | 사관실 | sa-gwan-sil |
| sala (f) das máquinas | 엔진실 | en-jin-sil |
| sala (f) de comunicações | 무전실 | mu-jeon-sil |
| onda (f) de rádio | 전파 | jeon-pa |
| | | |
| luneta (f) | 망원경 | mang-won-gyeong |
| sino (m) | 종 | jong |
| bandeira (f) | 기 | gi |
| | | |
| cabo (m) | 밧줄 | bat-jul |
| nó (m) | 매듭 | mae-deup |
| | | |
| corrimão (m) | 난간 | nan-gan |
| prancha (f) de embarque | 사다리 | sa-da-ri |
| | | |
| âncora (f) | 닻 | dat |
| recolher a âncora | 닻을 올리다 | da-cheul rol-li-da |

| | | |
|---|---|---|
| lançar a âncora | 닻을 내리다 | da-cheul lae-ri-da |
| amarra (f) | 닻줄 | dat-jul |
| | | |
| porto (m) | 항구 | hang-gu |
| cais, amarradouro (m) | 부두 | bu-du |
| atracar (vi) | 정박시키다 | jeong-bak-si-ki-da |
| desatracar (vi) | 출항하다 | chul-hang-ha-da |
| | | |
| viagem (f) | 여행 | yeo-haeng |
| cruzeiro (m) | 크루즈 | keu-ru-jeu |
| rumo (m), rota (f) | 항로 | hang-no |
| itinerário (m) | 노선 | no-seon |
| | | |
| canal (m) navegável | 항로 | hang-no |
| baixio (m) | 얕은 곳 | ya-teun got |
| encalhar (vt) | 좌초하다 | jwa-cho-ha-da |
| | | |
| tempestade (f) | 폭풍우 | pok-pung-u |
| sinal (m) | 신호 | sin-ho |
| afundar-se (vr) | 가라앉다 | ga-ra-an-da |
| SOS | 조난 신호 | jo-nan sin-ho |
| boia (f) salva-vidas | 구명부환 | gu-myeong-bu-hwan |

# CIDADE

## 27. Transportes urbanos

| | | |
|---|---|---|
| autocarro (m) | 버스 | beo-seu |
| elétrico (m) | 전차 | jeon-cha |
| troleicarro (m) | 트롤리 버스 | teu-rol-li beo-seu |
| itinerário (m) | 노선 | no-seon |
| número (m) | 번호 | beon-ho |
| | | |
| ir de ... (carro, etc.) | ··· 타고 가다 | ... ta-go ga-da |
| entrar (~ no autocarro) | 타다 | ta-da |
| descer de ... | ··· 에서 내리다 | ... e-seo nae-ri-da |
| | | |
| paragem (f) | 정류장 | jeong-nyu-jang |
| próxima paragem (f) | 다음 정류장 | da-eum jeong-nyu-jang |
| ponto (m) final | 종점 | jong-jeom |
| horário (m) | 시간표 | si-gan-pyo |
| esperar (vt) | 기다리다 | gi-da-ri-da |
| | | |
| bilhete (m) | 표 | pyo |
| custo (m) do bilhete | 요금 | yo-geum |
| | | |
| bilheteiro (m) | 계산원 | gye-san-won |
| controlo (m) dos bilhetes | 검표 | geom-pyo |
| revisor (m) | 검표원 | geom-pyo-won |
| | | |
| atrasar-se (vr) | ··· 시간에 늦다 | ... si-gan-e neut-da |
| perder (o autocarro, etc.) | 놓치다 | no-chi-da |
| estar com pressa | 서두르다 | seo-du-reu-da |
| | | |
| táxi (m) | 택시 | taek-si |
| taxista (m) | 택시 운전 기사 | taek-si un-jeon gi-sa |
| de táxi (ir ~) | 택시로 | taek-si-ro |
| praça (f) de táxis | 택시 정류장 | taek-si jeong-nyu-jang |
| chamar um táxi | 택시를 부르다 | taek-si-reul bu-reu-da |
| apanhar um táxi | 택시를 타다 | taek-si-reul ta-da |
| | | |
| tráfego (m) | 교통 | gyo-tong |
| engarrafamento (m) | 교통 체증 | gyo-tong che-jeung |
| horas (f pl) de ponta | 러시 아워 | reo-si a-wo |
| estacionar (vi) | 주차하다 | ju-cha-ha-da |
| estacionar (vt) | 주차하다 | ju-cha-ha-da |
| parque (m) de estacionamento | 주차장 | ju-cha-jang |
| | | |
| metro (m) | 지하철 | ji-ha-cheol |
| estação (f) | 역 | yeok |
| ir de metro | 지하철을 타다 | ji-ha-cheo-reul ta-da |
| comboio (m) | 기차 | gi-cha |
| estação (f) | 기차역 | gi-cha-yeok |

## 28. Cidade. Vida na cidade

| | | |
|---|---|---|
| cidade (f) | 도시 | do-si |
| capital (f) | 수도 | su-do |
| aldeia (f) | 마을 | ma-eul |
| | | |
| mapa (m) da cidade | 도시 지도 | do-si ji-do |
| centro (m) da cidade | 시내 | si-nae |
| subúrbio (m) | 근교 | geun-gyo |
| suburbano | 근교의 | geun-gyo-ui |
| | | |
| arredores (m pl) | 주변 | ju-byeon |
| quarteirão (m) | 한 구획 | han gu-hoek |
| quarteirão (m) residencial | 동 | dong |
| | | |
| tráfego (m) | 교통 | gyo-tong |
| semáforo (m) | 신호등 | sin-ho-deung |
| transporte (m) público | 대중교통 | dae-jung-gyo-tong |
| cruzamento (m) | 교차로 | gyo-cha-ro |
| | | |
| passadeira (f) | 횡단 보도 | hoeng-dan bo-do |
| passagem (f) subterrânea | 지하 보도 | ji-ha bo-do |
| cruzar, atravessar (vt) | 건너가다 | geon-neo-ga-da |
| peão (m) | 보행자 | bo-haeng-ja |
| passeio (m) | 인도 | in-do |
| | | |
| ponte (f) | 다리 | da-ri |
| margem (f) do rio | 강변로 | gang-byeon-no |
| | | |
| alameda (f) | 길 | gil |
| parque (m) | 공원 | gong-won |
| bulevar (m) | 대로 | dae-ro |
| praça (f) | 광장 | gwang-jang |
| avenida (f) | 가로 | ga-ro |
| rua (f) | 거리 | geo-ri |
| travessa (f) | 골목 | gol-mok |
| beco (m) sem saída | 막다른길 | mak-da-reun-gil |
| | | |
| casa (f) | 집 | jip |
| edifício, prédio (m) | 빌딩 | bil-ding |
| arranha-céus (m) | 고층 건물 | go-cheung geon-mul |
| | | |
| fachada (f) | 전면 | jeon-myeon |
| telhado (m) | 지붕 | ji-bung |
| janela (f) | 창문 | chang-mun |
| arco (m) | 아치 | a-chi |
| coluna (f) | 기둥 | gi-dung |
| esquina (f) | 모퉁이 | mo-tung-i |
| | | |
| montra (f) | 쇼윈도우 | syo-win-do-u |
| letreiro (m) | 간판 | gan-pan |
| cartaz (m) | 포스터 | po-seu-teo |
| cartaz (m) publicitário | 광고 포스터 | gwang-go po-seu-teo |
| painel (m) publicitário | 광고판 | gwang-go-pan |
| lixo (m) | 쓰레기 | sseu-re-gi |

| | | |
|---|---|---|
| cesta (f) do lixo | 쓰레기통 | sseu-re-gi-tong |
| aterro (m) sanitário | 쓰레기장 | sseu-re-gi-jang |
| | | |
| cabine (f) telefónica | 공중 전화 | gong-jung jeon-hwa |
| candeeiro (m) de rua | 가로등 | ga-ro-deung |
| banco (m) | 벤치 | ben-chi |
| | | |
| polícia (m) | 경찰관 | gyeong-chal-gwan |
| polícia (instituição) | 경찰 | gyeong-chal |
| mendigo (m) | 거지 | geo-ji |
| sem-abrigo (m) | 노숙자 | no-suk-ja |

## 29. Instituições urbanas

| | | |
|---|---|---|
| loja (f) | 가게, 상점 | ga-ge, sang-jeom |
| farmácia (f) | 약국 | yak-guk |
| ótica (f) | 안경 가게 | an-gyeong ga-ge |
| centro (m) comercial | 쇼핑몰 | syo-ping-mol |
| supermercado (m) | 슈퍼마켓 | syu-peo-ma-ket |
| | | |
| padaria (f) | 빵집 | ppang-jip |
| padeiro (m) | 제빵사 | je-ppang-sa |
| pastelaria (f) | 제과점 | je-gwa-jeom |
| mercearia (f) | 식료품점 | sing-nyo-pum-jeom |
| talho (m) | 정육점 | jeong-yuk-jeom |
| | | |
| loja (f) de legumes | 야채 가게 | ya-chae ga-ge |
| mercado (m) | 시장 | si-jang |
| | | |
| café (m) | 커피숍 | keo-pi-syop |
| restaurante (m) | 레스토랑 | re-seu-to-rang |
| bar (m), cervejaria (f) | 바 | ba |
| pizzaria (f) | 피자 가게 | pi-ja ga-ge |
| | | |
| salão (m) de cabeleireiro | 미장원 | mi-jang-won |
| correios (m pl) | 우체국 | u-che-guk |
| lavandaria (f) | 드라이 클리닝 | deu-ra-i keul-li-ning |
| estúdio (m) fotográfico | 사진관 | sa-jin-gwan |
| | | |
| sapataria (f) | 신발 가게 | sin-bal ga-ge |
| livraria (f) | 서점 | seo-jeom |
| loja (f) de artigos de desporto | 스포츠용품 매장 | seu-po-cheu-yong-pum mae-jang |
| | | |
| reparação (f) de roupa | 옷 수선 가게 | ot su-seon ga-ge |
| aluguer (m) de roupa | 의류 임대 | ui-ryu im-dae |
| aluguer (m) de filmes | 비디오 대여 | bi-di-o dae-yeo |
| | | |
| circo (m) | 서커스 | seo-keo-seu |
| jardim (m) zoológico | 동물원 | dong-mu-rwon |
| cinema (m) | 영화관 | yeong-hwa-gwan |
| museu (m) | 박물관 | bang-mul-gwan |
| biblioteca (f) | 도서관 | do-seo-gwan |
| teatro (m) | 극장 | geuk-jang |

| | | |
|---|---|---|
| ópera (f) | 오페라극장 | o-pe-ra-geuk-jang |
| clube (m) noturno | 나이트 클럽 | na-i-teu keul-leop |
| casino (m) | 카지노 | ka-ji-no |
| mesquita (f) | 모스크 | mo-seu-keu |
| sinagoga (f) | 유대교 회당 | yu-dae-gyo hoe-dang |
| catedral (f) | 대성당 | dae-seong-dang |
| templo (m) | 사원, 신전 | sa-won, sin-jeon |
| igreja (f) | 교회 | gyo-hoe |
| instituto (m) | 단과대학 | dan-gwa-dae-hak |
| universidade (f) | 대학교 | dae-hak-gyo |
| escola (f) | 학교 | hak-gyo |
| prefeitura (f) | 도, 현 | do, hyeon |
| câmara (f) municipal | 시청 | si-cheong |
| hotel (m) | 호텔 | ho-tel |
| banco (m) | 은행 | eun-haeng |
| embaixada (f) | 대사관 | dae-sa-gwan |
| agência (f) de viagens | 여행사 | yeo-haeng-sa |
| agência (f) de informações | 안내소 | an-nae-so |
| casa (f) de câmbio | 환전소 | hwan-jeon-so |
| metro (m) | 지하철 | ji-ha-cheol |
| hospital (m) | 병원 | byeong-won |
| posto (m) de gasolina | 주유소 | ju-yu-so |
| parque (m) de estacionamento | 주차장 | ju-cha-jang |

## 30. Sinais

| | | |
|---|---|---|
| letreiro (m) | 간판 | gan-pan |
| inscrição (f) | 안내문 | an-nae-mun |
| cartaz, póster (m) | 포스터 | po-seu-teo |
| sinal (m) informativo | 방향표시 | bang-hyang-pyo-si |
| seta (f) | 화살표 | hwa-sal-pyo |
| aviso (advertência) | 경고 | gyeong-go |
| sinal (m) de aviso | 경고판 | gyeong-go-pan |
| avisar, advertir (vt) | 경고하다 | gyeong-go-ha-da |
| dia (m) de folga | 휴일 | hyu-il |
| horário (m) | 시간표 | si-gan-pyo |
| horário (m) de funcionamento | 영업 시간 | yeong-eop si-gan |
| BEM-VINDOS! | 어서 오세요! | eo-seo o-se-yo! |
| ENTRADA | 입구 | ip-gu |
| SAÍDA | 출구 | chul-gu |
| EMPURRE | 미세요 | mi-se-yo |
| PUXE | 당기세요 | dang-gi-se-yo |
| ABERTO | 열림 | yeol-lim |
| FECHADO | 닫힘 | da-chim |

| MULHER | 여성전용 | yeo-seong-jeo-nyong |
| HOMEM | 남성 | nam-seong-jeo-nyong |

| DESCONTOS | 할인 | ha-rin |
| SALDOS | 세일 | se-il |
| NOVIDADE! | 신상품 | sin-sang-pum |
| GRÁTIS | 공짜 | gong-jja |

| ATENÇÃO! | 주의! | ju-ui! |
| NÃO HÁ VAGAS | 빈 방 없음 | bin bang eop-seum |
| RESERVADO | 예약석 | ye-yak-seok |

| ADMINISTRAÇÃO | 관리부 | gwal-li-bu |
| SOMENTE PESSOAL | 직원 전용 | ji-gwon jeo-nyong |
| AUTORIZADO | | |

| CUIDADO CÃO FEROZ | 개조심 | gae-jo-sim |
| PROIBIDO FUMAR! | 금연 | geu-myeon |
| NÃO TOCAR | 손 대지 마시오! | son dae-ji ma-si-o! |

| PERIGOSO | 위험 | wi-heom |
| PERIGO | 위험 | wi-heom |
| ALTA TENSÃO | 고전압 | go-jeon-ap |
| PROIBIDO NADAR | 수영 금지 | su-yeong geum-ji |
| AVARIADO | 수리중 | su-ri-jung |

| INFLAMÁVEL | 가연성 물자 | ga-yeon-seong mul-ja |
| PROIBIDO | 금지 | geum-ji |
| ENTRADA PROIBIDA | 출입 금지 | chu-rip geum-ji |
| CUIDADO TINTA FRESCA | 칠 주의 | chil ju-ui |

## 31. Compras

| comprar (vt) | 사다 | sa-da |
| compra (f) | 구매 | gu-mae |
| fazer compras | 쇼핑하다 | syo-ping-ha-da |
| compras (f pl) | 쇼핑 | syo-ping |

| estar aberta (loja, etc.) | 열리다 | yeol-li-da |
| estar fechada | 닫다 | dat-da |

| calçado (m) | 신발 | sin-bal |
| roupa (f) | 옷 | ot |
| cosméticos (m pl) | 화장품 | hwa-jang-pum |
| alimentos (m pl) | 식품 | sik-pum |
| presente (m) | 선물 | seon-mul |

| vendedor (m) | 판매원 | pan-mae-won |
| vendedora (f) | 여판매원 | yeo-pan-mae-won |

| caixa (f) | 계산대 | gye-san-dae |
| espelho (m) | 거울 | geo-ul |
| balcão (m) | 계산대 | gye-san-dae |
| cabine (f) de provas | 탈의실 | ta-rui-sil |

| | | |
|---|---|---|
| provar (vt) | 입어보다 | i-beo-bo-da |
| servir (vi) | 어울리다 | eo-ul-li-da |
| gostar (apreciar) | 좋아하다 | jo-a-ha-da |
| | | |
| preço (m) | 가격 | ga-gyeok |
| etiqueta (f) de preço | 가격표 | ga-gyeok-pyo |
| custar (vt) | 값이 … 이다 | gap-si … i-da |
| Quanto? | 얼마? | eol-ma? |
| desconto (m) | 할인 | ha-rin |
| | | |
| não caro | 비싸지 않은 | bi-ssa-ji a-neun |
| barato | 싼 | ssan |
| caro | 비싼 | bi-ssan |
| É caro | 비쌉니다 | bi-ssam-ni-da |
| | | |
| aluguer (m) | 임대 | im-dae |
| alugar (vestidos, etc.) | 빌리다 | bil-li-da |
| crédito (m) | 신용 | si-nyong |
| a crédito | 신용으로 | si-nyong-eu-ro |

# VESTUÁRIO & ACESSÓRIOS

## 32. Roupa exterior. Casacos

| roupa (f) | 옷 | ot |
| roupa (f) exterior | 겉옷 | geo-tot |
| roupa (f) de inverno | 겨울옷 | gyeo-u-rot |
| | | |
| sobretudo (m) | 코트 | ko-teu |
| casaco (m) de peles | 모피 외투 | mo-pi oe-tu |
| casaco curto (m) de peles | 짧은 모피 외투 | jjal-beun mo-pi oe-tu |
| casaco (m) acolchoado | 패딩점퍼 | pae-ding-jeom-peo |
| | | |
| casaco, blusão (m) | 재킷 | jae-kit |
| impermeável (m) | 트렌치코트 | teu-ren-chi-ko-teu |
| impermeável | 방수의 | bang-su-ui |

## 33. Vestuário de homem & mulher

| camisa (f) | 셔츠 | syeo-cheu |
| calças (f pl) | 바지 | ba-ji |
| calças (f pl) de ganga | 청바지 | cheong-ba-ji |
| casaco (m) de fato | 재킷 | jae-kit |
| fato (m) | 양복 | yang-bok |
| | | |
| vestido (ex. ~ vermelho) | 드레스 | deu-re-seu |
| saia (f) | 치마 | chi-ma |
| blusa (f) | 블라우스 | beul-la-u-seu |
| casaco (m) de malha | 니트 재킷 | ni-teu jae-kit |
| casaco, blazer (m) | 재킷 | jae-kit |
| | | |
| T-shirt, camiseta (f) | 티셔츠 | ti-syeo-cheu |
| calções (Bermudas, etc.) | 반바지 | ban-ba-ji |
| fato (m) de treino | 운동복 | un-dong-bok |
| roupão (m) de banho | 목욕가운 | mo-gyok-ga-un |
| pijama (m) | 파자마 | pa-ja-ma |
| | | |
| suéter (m) | 스웨터 | seu-we-teo |
| pulôver (m) | 풀오버 | pu-ro-beo |
| | | |
| colete (m) | 조끼 | jo-kki |
| fraque (m) | 연미복 | yeon-mi-bok |
| smoking (m) | 턱시도 | teok-si-do |
| | | |
| uniforme (m) | 제복 | je-bok |
| roupa (f) de trabalho | 작업복 | ja-geop-bok |
| fato-macaco (m) | 작업바지 | ja-geop-ba-ji |
| bata (~ branca, etc.) | 가운 | ga-un |

## 34. Vestuário. Roupa interior

| | | |
|---|---|---|
| roupa (f) interior | 속옷 | so-got |
| camisola (f) interior | 러닝 셔츠 | reo-ning syeo-cheu |
| peúgas (f pl) | 양말 | yang-mal |
| | | |
| camisa (f) de noite | 잠옷 | jam-ot |
| sutiã (m) | 브라 | beu-ra |
| meias longas (f pl) | 무릎길이 스타킹 | mu-reup-gi-ri seu-ta-king |
| meias-calças (f pl) | 팬티 스타킹 | paen-ti seu-ta-king |
| meias (f pl) | 밴드 스타킹 | baen-deu seu-ta-king |
| fato (m) de banho | 수영복 | su-yeong-bok |

## 35. Adereços de cabeça

| | | |
|---|---|---|
| chapéu (m) | 모자 | mo-ja |
| chapéu (m) de feltro | 중절모 | jung-jeol-mo |
| boné (m) de beisebol | 야구 모자 | ya-gu mo-ja |
| boné (m) | 플랫캡 | peul-laet-kaep |
| | | |
| boina (f) | 베레모 | be-re-mo |
| capuz (m) | 후드 | hu-deu |
| panamá (m) | 파나마 모자 | pa-na-ma mo-ja |
| gorro (m) de malha | 니트 모자 | ni-teu mo-ja |
| | | |
| lenço (m) | 스카프 | seu-ka-peu |
| chapéu (m) de mulher | 여성용 모자 | yeo-seong-yong mo-ja |
| | | |
| capacete (m) de proteção | 안전모 | an-jeon-mo |
| bivaque (m) | 개리슨 캡 | gae-ri-seun kaep |
| capacete (m) | 헬멧 | hel-met |

## 36. Calçado

| | | |
|---|---|---|
| calçado (m) | 신발 | sin-bal |
| botinas (f pl) | 구두 | gu-du |
| sapatos (de salto alto, etc.) | 구두 | gu-du |
| botas (f pl) | 부츠 | bu-cheu |
| pantufas (f pl) | 슬리퍼 | seul-li-peo |
| | | |
| ténis (m pl) | 운동화 | un-dong-hwa |
| sapatilhas (f pl) | 스니커즈 | seu-ni-keo-jeu |
| sandálias (f pl) | 샌들 | saen-deul |
| sapateiro (m) | 구둣방 | gu-dut-bang |
| salto (m) | 굽 | gup |
| par (m) | 켤레 | kyeol-le |
| | | |
| atacador (m) | 끈 | kkeun |
| apertar os atacadores | 끈을 매다 | kkeu-neul mae-da |
| calçadeira (f) | 구둣주걱 | gu-dut-ju-geok |
| graxa (f) para calçado | 구두약 | gu-du-yak |

## 37. Acessórios pessoais

| | | |
|---|---|---|
| luvas (f pl) | 장갑 | jang-gap |
| mitenes (f pl) | 벙어리장갑 | beong-eo-ri-jang-gap |
| cachecol (m) | 목도리 | mok-do-ri |
| | | |
| óculos (m pl) | 안경 | an-gyeong |
| armação (f) de óculos | 안경테 | an-gyeong-te |
| guarda-chuva (m) | 우산 | u-san |
| bengala (f) | 지팡이 | ji-pang-i |
| escova (f) para o cabelo | 빗, 솔빗 | bit, sol-bit |
| leque (m) | 부채 | bu-chae |
| | | |
| gravata (f) | 넥타이 | nek-ta-i |
| gravata-borboleta (f) | 나비넥타이 | na-bi-nek-ta-i |
| suspensórios (m pl) | 멜빵 | mel-ppang |
| lenço (m) | 손수건 | son-su-geon |
| | | |
| pente (m) | 빗 | bit |
| travessão (m) | 머리핀 | meo-ri-pin |
| gancho (m) de cabelo | 머리핀 | meo-ri-pin |
| fivela (f) | 버클 | beo-keul |
| | | |
| cinto (m) | 벨트 | bel-teu |
| correia (f) | 어깨끈 | eo-kkae-kkeun |
| | | |
| mala (f) | 가방 | ga-bang |
| mala (f) de senhora | 핸드백 | haen-deu-baek |
| mochila (f) | 배낭 | bae-nang |

## 38. Vestuário. Diversos

| | | |
|---|---|---|
| moda (f) | 패션 | pae-syeon |
| na moda | 유행하는 | yu-haeng-ha-neun |
| estilista (m) | 패션 디자이너 | pae-syeon di-ja-i-neo |
| | | |
| colarinho (m), gola (f) | 옷깃 | ot-git |
| bolso (m) | 주머니, 포켓 | ju-meo-ni, po-ket |
| de bolso | 주머니의 | ju-meo-ni-ui |
| manga (f) | 소매 | so-mae |
| presilha (f) | 거는 끈 | geo-neun kkeun |
| braguilha (f) | 바지 지퍼 | ba-ji ji-peo |
| | | |
| fecho (m) de correr | 지퍼 | ji-peo |
| fecho (m), colchete (m) | 조임쇠 | jo-im-soe |
| botão (m) | 단추 | dan-chu |
| casa (f) de botão | 단춧 구멍 | dan-chut gu-meong |
| saltar (vi) (botão, etc.) | 떨어지다 | tteo-reo-ji-da |
| | | |
| coser, costurar (vi) | 바느질하다 | ba-neu-jil-ha-da |
| bordar (vt) | 수놓다 | su-no-ta |
| bordado (m) | 자수 | ja-su |
| agulha (f) | 바늘 | ba-neul |

| fio (m) | 실 | sil |
| costura (f) | 솔기 | sol-gi |

| sujar-se (vr) | 더러워지다 | deo-reo-wo-ji-da |
| mancha (f) | 얼룩 | eol-luk |
| engelhar-se (vr) | 구겨지다 | gu-gyeo-ji-da |
| rasgar (vt) | 찢다 | jjit-da |
| traça (f) | 좀 | jom |

## 39. Cuidados pessoais. Cosméticos

| pasta (f) de dentes | 치약 | chi-yak |
| escova (f) de dentes | 칫솔 | chit-sol |
| escovar os dentes | 이를 닦다 | i-reul dak-da |

| máquina (f) de barbear | 면도기 | myeon-do-gi |
| creme (m) de barbear | 면도용 크림 | myeon-do-yong keu-rim |
| barbear-se (vr) | 깎다 | kkak-da |

| sabonete (m) | 비누 | bi-nu |
| champô (m) | 샴푸 | syam-pu |

| tesoura (f) | 가위 | ga-wi |
| lima (f) de unhas | 손톱줄 | son-top-jul |
| corta-unhas (m) | 손톱깎이 | son-top-kka-kki |
| pinça (f) | 족집게 | jok-jip-ge |

| cosméticos (m pl) | 화장품 | hwa-jang-pum |
| máscara (f) facial | 얼굴 마스크 | eol-gul ma-seu-keu |
| manicura (f) | 매니큐어 | mae-ni-kyu-eo |
| fazer a manicura | 매니큐어를 칠하다 | mae-ni-kyu-eo-reul chil-ha-da |
| pedicure (f) | 페디큐어 | pe-di-kyu-eo |

| mala (f) de maquilhagem | 화장품 가방 | hwa-jang-pum ga-bang |
| pó (m) | 분 | bun |
| caixa (f) de pó | 콤팩트 | kom-paek-teu |
| blush (m) | 블러셔 | beul-leo-syeo |

| perfume (m) | 향수 | hyang-su |
| água (f) de toilette | 화장수 | hwa-jang-su |
| loção (f) | 로션 | ro-syeon |
| água-de-colónia (f) | 오드콜로뉴 | o-deu-kol-lo-nyu |

| sombra (f) de olhos | 아이섀도 | a-i-syae-do |
| lápis (m) delineador | 아이라이너 | a-i-ra-i-neo |
| máscara (f), rímel (m) | 마스카라 | ma-seu-ka-ra |

| batom (m) | 립스틱 | rip-seu-tik |
| verniz (m) de unhas | 매니큐어 | mae-ni-kyu-eo |
| laca (f) para cabelos | 헤어 스프레이 | he-eo seu-peu-re-i |
| desodorizante (m) | 데오도란트 | de-o-do-ran-teu |

| creme (m) | 크림 | keu-rim |
| creme (m) de rosto | 얼굴 크림 | eol-gul keu-rim |

| creme (m) de mãos | 핸드 크림 | haen-deu keu-rim |
| creme (m) antirrugas | 주름제거 크림 | ju-reum-je-geo keu-rim |
| de dia | 낮의 | na-jui |
| da noite | 밤의 | ba-mui |

| tampão (m) | 탐폰 | tam-pon |
| papel (m) higiénico | 화장지 | hwa-jang-ji |
| secador (m) elétrico | 헤어 드라이어 | he-eo deu-ra-i-eo |

## 40. Relógios de pulso. Relógios

| relógio (m) de pulso | 손목 시계 | son-mok si-gye |
| mostrador (m) | 문자반 | mun-ja-ban |
| ponteiro (m) | 바늘 | ba-neul |
| bracelete (f) em aço | 금속제 시계줄 | geum-sok-je si-gye-jul |
| bracelete (f) em pele | 시계줄 | si-gye-jul |

| pilha (f) | 건전지 | geon-jeon-ji |
| descarregar-se | 나가다 | na-ga-da |
| trocar a pilha | 배터리를 갈다 | bae-teo-ri-reul gal-da |
| estar adiantado | 빨리 가다 | ppal-li ga-da |
| estar atrasado | 늦게 가다 | neut-ge ga-da |

| relógio (m) de parede | 벽시계 | byeok-si-gye |
| ampulheta (f) | 모래시계 | mo-rae-si-gye |
| relógio (m) de sol | 해시계 | hae-si-gye |
| despertador (m) | 알람 시계 | al-lam si-gye |
| relojoeiro (m) | 시계 기술자 | si-gye gi-sul-ja |
| reparar (vt) | 수리하다 | su-ri-ha-da |

# EXPERIÊNCIA DO QUOTIDIANO

## 41. Dinheiro

| | | |
|---|---|---|
| dinheiro (m) | 돈 | don |
| câmbio (m) | 환전 | hwan-jeon |
| taxa (f) de câmbio | 환율 | hwa-nyul |
| Caixa Multibanco (m) | 현금 자동 지급기 | hyeon-geum ja-dong ji-geup-gi |
| moeda (f) | 동전 | dong-jeon |
| dólar (m) | 달러 | dal-leo |
| euro (m) | 유로 | yu-ro |
| lira (f) | 리라 | ri-ra |
| marco (m) | 마르크 | ma-reu-keu |
| franco (m) | 프랑 | peu-rang |
| libra (f) esterlina | 파운드 | pa-un-deu |
| iene (m) | 엔 | en |
| dívida (f) | 빚 | bit |
| devedor (m) | 채무자 | chae-mu-ja |
| emprestar (vt) | 빌려주다 | bil-lyeo-ju-da |
| pedir emprestado | 빌리다 | bil-li-da |
| banco (m) | 은행 | eun-haeng |
| conta (f) | 계좌 | gye-jwa |
| depositar na conta | 계좌에 입금하다 | ip-geum-ha-da |
| levantar (vt) | 출금하다 | chul-geum-ha-da |
| cartão (m) de crédito | 신용 카드 | si-nyong ka-deu |
| dinheiro (m) vivo | 현금 | hyeon-geum |
| cheque (m) | 수표 | su-pyo |
| passar um cheque | 수표를 끊다 | su-pyo-reul kkeun-ta |
| livro (m) de cheques | 수표책 | su-pyo-chaek |
| carteira (f) | 지갑 | ji-gap |
| porta-moedas (m) | 동전지갑 | dong-jeon-ji-gap |
| cofre (m) | 금고 | geum-go |
| herdeiro (m) | 상속인 | sang-so-gin |
| herança (f) | 유산 | yu-san |
| fortuna (riqueza) | 재산, 큰돈 | jae-san, keun-don |
| arrendamento (m) | 임대 | im-dae |
| renda (f) de casa | 집세 | jip-se |
| alugar (vt) | 임대하다 | im-dae-ha-da |
| preço (m) | 가격 | ga-gyeok |
| custo (m) | 비용 | bi-yong |

| soma (f) | 액수 | aek-su |
| gastar (vt) | 쓰다 | sseu-da |
| gastos (m pl) | 출비를 | chul-bi-reul |
| economizar (vi) | 절약하다 | jeo-ryak-a-da |
| económico | 경제적인 | gyeong-je-jeo-gin |
| | | |
| pagar (vt) | 지불하다 | ji-bul-ha-da |
| pagamento (m) | 지불 | ji-bul |
| troco (m) | 거스름돈 | geo-seu-reum-don |
| | | |
| imposto (m) | 세금 | se-geum |
| multa (f) | 벌금 | beol-geum |
| multar (vt) | 벌금을 부과하다 | beol-geu-meul bu-gwa-ha-da |

## 42. Correios. Serviço postal

| correios (m pl) | 우체국 | u-che-guk |
| correio (m) | 우편물 | u-pyeon-mul |
| carteiro (m) | 우체부 | u-che-bu |
| horário (m) | 영업 시간 | yeong-eop si-gan |
| | | |
| carta (f) | 편지 | pyeon-ji |
| carta (f) registada | 등기 우편 | deung-gi u-pyeon |
| postal (m) | 엽서 | yeop-seo |
| telegrama (m) | 전보 | jeon-bo |
| encomenda (f) postal | 소포 | so-po |
| remessa (f) de dinheiro | 송금 | song-geum |
| | | |
| receber (vt) | 받다 | bat-da |
| enviar (vt) | 보내다 | bo-nae-da |
| envio (m) | 발송 | bal-song |
| | | |
| endereço (m) | 주소 | ju-so |
| código (m) postal | 우편 번호 | u-pyeon beon-ho |
| remetente (m) | 발송인 | bal-song-in |
| destinatário (m) | 수신인 | su-sin-in |
| nome (m) | 이름 | i-reum |
| apelido (m) | 성 | seong |
| | | |
| tarifa (f) | 요금 | yo-geum |
| normal | 일반의 | il-ba-nui |
| económico | 경제적인 | gyeong-je-jeo-gin |
| | | |
| peso (m) | 무게 | mu-ge |
| pesar (estabelecer o peso) | 무게를 달다 | mu-ge-reul dal-da |
| envelope (m) | 봉투 | bong-tu |
| selo (m) | 우표 | u-pyo |

## 43. Banca

| banco (m) | 은행 | eun-haeng |
| sucursal, balcão (f) | 지점 | ji-jeom |

| consultor (m) | 행원 | haeng-won |
|---|---|---|
| gerente (m) | 지배인 | ji-bae-in |

| conta (f) | 은행계좌 | eun-haeng-gye-jwa |
|---|---|---|
| número (m) da conta | 계좌 번호 | gye-jwa beon-ho |
| conta (f) corrente | 당좌 | dang-jwa |
| conta (f) poupança | 보통 예금 | bo-tong ye-geum |

| abrir uma conta | 계좌를 열다 | gye-jwa-reul ryeol-da |
|---|---|---|
| fechar uma conta | 계좌를 해지하다 | gye-jwa-reul hae-ji-ha-da |
| depositar na conta | 계좌에 입금하다 | ip-geum-ha-da |
| levantar (vt) | 출금하다 | chul-geum-ha-da |

| depósito (m) | 저금 | jeo-geum |
|---|---|---|
| fazer um depósito | 입금하다 | ip-geum-ha-da |
| transferência (f) bancária | 송금 | song-geum |
| transferir (vt) | 송금하다 | song-geum-ha-da |

| soma (f) | 액수 | aek-su |
|---|---|---|
| Quanto? | 얼마? | eol-ma? |

| assinatura (f) | 서명 | seo-myeong |
|---|---|---|
| assinar (vt) | 서명하다 | seo-myeong-ha-da |

| cartão (m) de crédito | 신용 카드 | si-nyong ka-deu |
|---|---|---|
| código (m) | 비밀번호 | bi-mil-beon-ho |
| número (m) | 신용 카드 번호 | si-nyong ka-deu beon-ho |
| do cartão de crédito | | |
| Caixa Multibanco (m) | 현금 자동 지급기 | hyeon-geum ja-dong ji-geup-gi |

| cheque (m) | 수표 | su-pyo |
|---|---|---|
| passar um cheque | 수표를 끊다 | su-pyo-reul kkeun-ta |
| livro (m) de cheques | 수표책 | su-pyo-chaek |

| empréstimo (m) | 대출 | dae-chul |
|---|---|---|
| pedir um empréstimo | 대출 신청하다 | dae-chul sin-cheong-ha-da |
| obter um empréstimo | 대출을 받다 | dae-chu-reul bat-da |
| conceder um empréstimo | 대출하다 | dae-chul-ha-da |
| garantia (f) | 담보 | dam-bo |

## 44. Telefone. Conversação telefónica

| telefone (m) | 전화 | jeon-hwa |
|---|---|---|
| telemóvel (m) | 휴대폰 | hyu-dae-pon |
| secretária (f) electrónica | 자동 응답기 | ja-dong eung-dap-gi |

| fazer uma chamada | 전화하다 | jeon-hwa-ha-da |
|---|---|---|
| chamada (f) | 통화 | tong-hwa |

| marcar um número | 번호로 걸다 | beon-ho-ro geol-da |
|---|---|---|
| Alô! | 여보세요! | yeo-bo-se-yo! |
| perguntar (vt) | 묻다 | mut-da |
| responder (vt) | 전화를 받다 | jeon-hwa-reul bat-da |

| ouvir (vt) | 듣다 | deut-da |
| bem | 잘 | jal |
| mal | 좋지 않은 | jo-chi a-neun |
| ruído (m) | 잡음 | ja-beum |

| auscultador (m) | 수화기 | su-hwa-gi |
| pegar o telefone | 전화를 받다 | jeon-hwa-reul bat-da |
| desligar (vi) | 전화를 끊다 | jeon-hwa-reul kkeun-ta |

| ocupado | 통화 중인 | tong-hwa jung-in |
| tocar (vi) | 울리다 | ul-li-da |
| lista (f) telefónica | 전화 번호부 | jeon-hwa beon-ho-bu |

| local | 시내의 | si-nae-ui |
| para outra cidade | 장거리의 | jang-geo-ri-ui |
| internacional | 국제적인 | guk-je-jeo-gin |

## 45. Telefone móvel

| telemóvel (m) | 휴대폰 | hyu-dae-pon |
| ecrã (m) | 화면 | hwa-myeon |
| botão (m) | 버튼 | beo-teun |
| cartão SIM (m) | SIM 카드 | SIM ka-deu |

| bateria (f) | 건전지 | geon-jeon-ji |
| descarregar-se | 나가다 | na-ga-da |
| carregador (m) | 충전기 | chung-jeon-gi |

| menu (m) | 메뉴 | me-nyu |
| definições (f pl) | 설정 | seol-jeong |
| melodia (f) | 벨소리 | bel-so-ri |
| escolher (vt) | 선택하다 | seon-taek-a-da |

| calculadora (f) | 계산기 | gye-san-gi |
| correio (m) de voz | 자동 응답기 | ja-dong eung-dap-gi |
| despertador (m) | 알람 시계 | al-lam si-gye |
| contatos (m pl) | 연락처 | yeol-lak-cheo |

| mensagem (f) de texto | 문자 메시지 | mun-ja me-si-ji |
| assinante (m) | 가입자 | ga-ip-ja |

## 46. Estacionário

| caneta (f) | 볼펜 | bol-pen |
| caneta (f) tinteiro | 만년필 | man-nyeon-pil |

| lápis (m) | 연필 | yeon-pil |
| marcador (m) | 형광펜 | hyeong-gwang-pen |
| caneta (f) de feltro | 사인펜 | sa-in-pen |

| bloco (m) de notas | 공책 | gong-chaek |
| agenda (f) | 수첩 | su-cheop |

| régua (f) | 자 | ja |
| calculadora (f) | 계산기 | gye-san-gi |
| borracha (f) | 지우개 | ji-u-gae |
| pionés (m) | 압정 | ap-jeong |
| clipe (m) | 클립 | keul-lip |
| | | |
| cola (f) | 접착제 | jeop-chak-je |
| agrafador (m) | 호치키스 | ho-chi-ki-seu |
| furador (m) | 펀치 | peon-chi |
| afia-lápis (m) | 연필깎이 | yeon-pil-kka-kki |

## 47. Línguas estrangeiras

| língua (f) | 언어 | eon-eo |
| língua (f) estrangeira | 외국어 | oe-gu-geo |
| estudar (vt) | 공부하다 | gong-bu-ha-da |
| aprender (vt) | 배우다 | bae-u-da |
| | | |
| ler (vt) | 읽다 | ik-da |
| falar (vi) | 말하다 | mal-ha-da |
| compreender (vt) | 이해하다 | i-hae-ha-da |
| escrever (vt) | 쓰다 | sseu-da |
| | | |
| rapidamente | 빨리 | ppal-li |
| devagar | 천천히 | cheon-cheon-hi |
| fluentemente | 유창하게 | yu-chang-ha-ge |
| | | |
| regras (f pl) | 규칙 | gyu-chik |
| gramática (f) | 문법 | mun-beop |
| vocabulário (m) | 어휘 | eo-hwi |
| fonética (f) | 음성학 | eum-seong-hak |
| | | |
| manual (m) escolar | 교과서 | gyo-gwa-seo |
| dicionário (m) | 사전 | sa-jeon |
| manual (m) de autoaprendizagem | 자습서 | ja-seup-seo |
| guia (m) de conversação | 회화집 | hoe-hwa-jip |
| | | |
| cassete (f) | 테이프 | te-i-peu |
| vídeo cassete (m) | 비디오테이프 | bi-di-o-te-i-peu |
| CD (m) | 씨디 | ssi-di |
| DVD (m) | 디비디 | di-bi-di |
| | | |
| alfabeto (m) | 알파벳 | al-pa-bet |
| soletrar (vt) | … 의 철자이다 | … ui cheol-ja-i-da |
| pronúncia (f) | 발음 | ba-reum |
| | | |
| sotaque (m) | 악센트 | ak-sen-teu |
| com sotaque | 사투리로 | sa-tu-ri-ro |
| sem sotaque | 억양 없이 | eo-gyang eop-si |
| | | |
| palavra (f) | 단어 | dan-eo |
| sentido (m) | 의미 | ui-mi |
| cursos (m pl) | 강좌 | gang-jwa |

| | | |
|---|---|---|
| inscrever-se (vr) | 등록하다 | deung-nok-a-da |
| professor (m) | 강사 | gang-sa |
| | | |
| tradução (processo) | 번역 | beo-nyeok |
| tradução (texto) | 번역 | beo-nyeok |
| tradutor (m) | 번역가 | beo-nyeok-ga |
| intérprete (m) | 통역가 | tong-yeok-ga |
| | | |
| poliglota (m) | 수개 국어를 말하는 사람 | su-gae gu-geo-reul mal-ha-neun sa-ram |
| | | |
| memória (f) | 기억력 | gi-eong-nyeok |

# REFEIÇÕES. RESTAURANTE

## 48. Por a mesa

| | | |
|---|---|---|
| colher (f) | 숟가락 | sut-ga-rak |
| faca (f) | 나이프 | na-i-peu |
| garfo (m) | 포크 | po-keu |
| | | |
| chávena (f) | 컵 | keop |
| prato (m) | 접시 | jeop-si |
| pires (m) | 받침 접시 | bat-chim jeop-si |
| guardanapo (m) | 냅킨 | naep-kin |
| palito (m) | 이쑤시개 | i-ssu-si-gae |

## 49. Restaurante

| | | |
|---|---|---|
| restaurante (m) | 레스토랑 | re-seu-to-rang |
| café (m) | 커피숍 | keo-pi-syop |
| bar (m), cervejaria (f) | 바 | ba |
| salão (m) de chá | 카페, 티룸 | ka-pe, ti-rum |
| | | |
| empregado (m) de mesa | 웨이터 | we-i-teo |
| empregada (f) de mesa | 웨이트리스 | we-i-teu-ri-seu |
| barman (m) | 바텐더 | ba-ten-deo |
| | | |
| ementa (f) | 메뉴판 | me-nyu-pan |
| lista (f) de vinhos | 와인 메뉴 | wa-in me-nyu |
| reservar uma mesa | 테이블 예약을 하다 | te-i-beul rye-ya-geul ha-da |
| | | |
| prato (m) | 요리, 코스 | yo-ri, ko-seu |
| pedir (vt) | 주문하다 | ju-mun-ha-da |
| fazer o pedido | 주문을 하다 | ju-mu-neul ha-da |
| | | |
| aperitivo (m) | 아페리티프 | a-pe-ri-ti-peu |
| entrada (f) | 애피타이저 | ae-pi-ta-i-jeo |
| sobremesa (f) | 디저트 | di-jeo-teu |
| | | |
| conta (f) | 계산서 | gye-san-seo |
| pagar a conta | 계산하다 | gye-san-ha-da |
| dar o troco | 거스름돈을 주다 | geo-seu-reum-do-neul ju-da |
| gorjeta (f) | 팁 | tip |

## 50. Refeições

| | | |
|---|---|---|
| comida (f) | 음식 | eum-sik |
| comer (vt) | 먹다 | meok-da |

| | | |
|---|---|---|
| pequeno-almoço (m) | 아침식사 | a-chim-sik-sa |
| tomar o pequeno-almoço | 아침을 먹다 | a-chi-meul meok-da |
| almoço (m) | 점심식사 | jeom-sim-sik-sa |
| almoçar (vi) | 점심을 먹다 | jeom-si-meul meok-da |
| jantar (m) | 저녁식사 | jeo-nyeok-sik-sa |
| jantar (vi) | 저녁을 먹다 | jeo-nyeo-geul meok-da |
| | | |
| apetite (m) | 식욕 | si-gyok |
| Bom apetite! | 맛있게 드십시오! | man-nit-ge deu-sip-si-o! |
| | | |
| abrir (~ uma lata, etc.) | 열다 | yeol-da |
| derramar (vt) | 엎지르다 | eop-ji-reu-da |
| derramar-se (vr) | 쏟아지다 | sso-da-ji-da |
| | | |
| ferver (vi) | 끓다 | kkeul-ta |
| ferver (vt) | 끓이다 | kkeu-ri-da |
| fervido | 끓인 | kkeu-rin |
| arrefecer (vt) | 식히다 | sik-i-da |
| arrefecer-se (vr) | 식다 | sik-da |
| | | |
| sabor, gosto (m) | 맛 | mat |
| gostinho (m) | 뒷 맛 | dwit mat |
| | | |
| fazer dieta | 살을 빼다 | sa-reul ppae-da |
| dieta (f) | 다이어트 | da-i-eo-teu |
| vitamina (f) | 비타민 | bi-ta-min |
| caloria (f) | 칼로리 | kal-lo-ri |
| vegetariano (m) | 채식주의자 | chae-sik-ju-ui-ja |
| vegetariano | 채식주의의 | chae-sik-ju-ui-ui |
| | | |
| gorduras (f pl) | 지방 | ji-bang |
| proteínas (f pl) | 단백질 | dan-baek-jil |
| carboidratos (m pl) | 탄수화물 | tan-su-hwa-mul |
| | | |
| fatia (~ de limão, etc.) | 조각 | jo-gak |
| pedaço (~ de bolo) | 조각 | jo-gak |
| migalha (f) | 부스러기 | bu-seu-reo-gi |

## 51. Pratos cozinhados

| | | |
|---|---|---|
| prato (m) | 요리, 코스 | yo-ri, ko-seu |
| cozinha (~ portuguesa) | 요리 | yo-ri |
| receita (f) | 요리법 | yo-ri-beop |
| porção (f) | 분량 | bul-lyang |
| | | |
| salada (f) | 샐러드 | sael-leo-deu |
| sopa (f) | 수프 | su-peu |
| | | |
| caldo (m) | 육수 | yuk-su |
| sandes (f) | 샌드위치 | saen-deu-wi-chi |
| ovos (m pl) estrelados | 계란후라이 | gye-ran-hu-ra-i |
| | | |
| hambúrguer (m) | 햄버거 | haem-beo-geo |
| bife (m) | 비프스테이크 | bi-peu-seu-te-i-keu |

| conduto (m) | 사이드 메뉴 | sa-i-deu me-nyu |
| espaguete (m) | 스파게티 | seu-pa-ge-ti |
| puré (m) de batata | 으깬 감자 | eu-kkaen gam-ja |
| pizza (f) | 피자 | pi-ja |
| papa (f) | 죽 | juk |
| omelete (f) | 오믈렛 | o-meul-let |

| cozido em água | 삶은 | sal-meun |
| fumado | 훈제된 | hun-je-doen |
| frito | 튀긴 | twi-gin |
| seco | 말린 | mal-lin |
| congelado | 얼린 | eol-lin |
| em conserva | 초절인 | cho-jeo-rin |

| doce (açucarado) | 단 | dan |
| salgado | 짠 | jjan |
| frio | 차가운 | cha-ga-un |
| quente | 뜨거운 | tteu-geo-un |
| amargo | 쓴 | sseun |
| gostoso | 맛있는 | man-nin-neun |

| cozinhar (em água a ferver) | 삶다 | sam-da |
| fazer, preparar (vt) | 요리하다 | yo-ri-ha-da |
| fritar (vt) | 부치다 | bu-chi-da |
| aquecer (vt) | 데우다 | de-u-da |

| salgar (vt) | 소금을 넣다 | so-geu-meul leo-ta |
| apimentar (vt) | 후추를 넣다 | hu-chu-reul leo-ta |
| ralar (vt) | 강판에 갈다 | gang-pa-ne gal-da |
| casca (f) | 껍질 | kkeop-jil |
| descascar (vt) | 껍질 벗기다 | kkeop-jil beot-gi-da |

## 52. Comida

| carne (f) | 고기 | go-gi |
| galinha (f) | 닭고기 | dak-go-gi |
| frango (m) | 영계 | yeong-gye |
| pato (m) | 오리고기 | o-ri-go-gi |
| ganso (m) | 거위고기 | geo-wi-go-gi |
| caça (f) | 사냥감 | sa-nyang-gam |
| peru (m) | 칠면조고기 | chil-myeon-jo-go-gi |

| carne (f) de porco | 돼지고기 | dwae-ji-go-gi |
| carne (f) de vitela | 송아지 고기 | song-a-ji go-gi |
| carne (f) de carneiro | 양고기 | yang-go-gi |
| carne (f) de vaca | 소고기 | so-go-gi |
| carne (f) de coelho | 토끼고기 | to-kki-go-gi |

| chouriço, salsichão (m) | 소시지 | so-si-ji |
| salsicha (f) | 비엔나 소시지 | bi-en-na so-si-ji |
| bacon (m) | 베이컨 | be-i-keon |
| fiambre (f) | 햄 | haem |
| presunto (m) | 개먼 | gae-meon |
| patê (m) | 파테 | pa-te |

| | | |
|---|---|---|
| fígado (m) | 간 | gan |
| carne (f) moída | 다진 고기 | da-jin go-gi |
| língua (f) | 혀 | hyeo |
| | | |
| ovo (m) | 계란 | gye-ran |
| ovos (m pl) | 계란 | gye-ran |
| clara (f) do ovo | 흰자 | huin-ja |
| gema (f) do ovo | 노른자 | no-reun-ja |
| | | |
| peixe (m) | 생선 | saeng-seon |
| marisco (m) | 해물 | hae-mul |
| caviar (m) | 캐비어 | kae-bi-eo |
| | | |
| caranguejo (m) | 게 | ge |
| camarão (m) | 새우 | sae-u |
| ostra (f) | 굴 | gul |
| lagosta (f) | 대하 | dae-ha |
| polvo (m) | 문어 | mun-eo |
| lula (f) | 오징어 | o-jing-eo |
| | | |
| esturjão (m) | 철갑상어 | cheol-gap-sang-eo |
| salmão (m) | 연어 | yeon-eo |
| halibute (m) | 넙치 | neop-chi |
| | | |
| bacalhau (m) | 대구 | dae-gu |
| cavala, sarda (f) | 고등어 | go-deung-eo |
| atum (m) | 참치 | cham-chi |
| enguia (f) | 뱀장어 | baem-jang-eo |
| | | |
| truta (f) | 송어 | song-eo |
| sardinha (f) | 정어리 | jeong-eo-ri |
| lúcio (m) | 강꼬치고기 | gang-kko-chi-go-gi |
| arenque (m) | 청어 | cheong-eo |
| | | |
| pão (m) | 빵 | ppang |
| queijo (m) | 치즈 | chi-jeu |
| açúcar (m) | 설탕 | seol-tang |
| sal (m) | 소금 | so-geum |
| | | |
| arroz (m) | 쌀 | ssal |
| massas (f pl) | 파스타 | pa-seu-ta |
| talharim (m) | 면 | myeon |
| | | |
| manteiga (f) | 버터 | beo-teo |
| óleo (m) vegetal | 식물유 | sing-mu-ryu |
| óleo (m) de girassol | 해바라기유 | hae-ba-ra-gi-yu |
| margarina (f) | 마가린 | ma-ga-rin |
| | | |
| azeitonas (f pl) | 올리브 | ol-li-beu |
| azeite (m) | 올리브유 | ol-li-beu-yu |
| | | |
| leite (m) | 우유 | u-yu |
| leite (m) condensado | 연유 | yeo-nyu |
| iogurte (m) | 요구르트 | yo-gu-reu-teu |
| nata (f) | 사워크림 | sa-wo-keu-rim |
| nata (f) do leite | 크림 | keu-rim |

| maionese (f) | 마요네즈 | ma-yo-ne-jeu |
| creme (m) | 버터크림 | beo-teo-keu-rim |

| grãos (m pl) de cereais | 곡물 | gong-mul |
| farinha (f) | 밀가루 | mil-ga-ru |
| enlatados (m pl) | 통조림 | tong-jo-rim |

| flocos (m pl) de milho | 콘플레이크 | kon-peul-le-i-keu |
| mel (m) | 꿀 | kkul |
| doce (m) | 잼 | jaem |
| pastilha (f) elástica | 껌 | kkeom |

## 53. Bebidas

| água (f) | 물 | mul |
| água (f) potável | 음료수 | eum-nyo-su |
| água (f) mineral | 미네랄 워터 | mi-ne-ral rwo-teo |

| sem gás | 탄산 없는 | tan-san neom-neun |
| gaseificada | 탄산의 | tan-sa-nui |
| com gás | 탄산이 든 | tan-san-i deun |
| gelo (m) | 얼음 | eo-reum |
| com gelo | 얼음을 넣은 | eo-reu-meul leo-eun |

| sem álcool | 무알코올의 | mu-al-ko-o-rui |
| bebida (f) sem álcool | 청량음료 | cheong-nyang-eum-nyo |
| refresco (m) | 청량 음료 | cheong-nyang eum-nyo |
| limonada (f) | 레모네이드 | re-mo-ne-i-deu |

| bebidas (f pl) alcoólicas | 술 | sul |
| vinho (m) | 와인 | wa-in |
| vinho (m) branco | 백 포도주 | baek po-do-ju |
| vinho (m) tinto | 레드 와인 | re-deu wa-in |

| licor (m) | 리큐르 | ri-kyu-reu |
| champanhe (m) | 샴페인 | syam-pe-in |
| vermute (m) | 베르무트 | be-reu-mu-teu |

| uísque (m) | 위스키 | wi-seu-ki |
| vodka (f) | 보드카 | bo-deu-ka |
| gim (m) | 진 | jin |
| conhaque (m) | 코냑 | ko-nyak |
| rum (m) | 럼 | reom |

| café (m) | 커피 | keo-pi |
| café (m) puro | 블랙 커피 | beul-laek keo-pi |
| café (m) com leite | 밀크 커피 | mil-keu keo-pi |
| cappuccino (m) | 카푸치노 | ka-pu-chi-no |
| café (m) solúvel | 인스턴트 커피 | in-seu-teon-teu keo-pi |

| leite (m) | 우유 | u-yu |
| coquetel (m) | 칵테일 | kak-te-il |
| batido (m) de leite | 밀크 셰이크 | mil-keu sye-i-keu |
| sumo (m) | 주스 | ju-seu |

| sumo (m) de tomate | 토마토 주스 | to-ma-to ju-seu |
| sumo (m) de laranja | 오렌지 주스 | o-ren-ji ju-seu |
| sumo (m) fresco | 생과일주스 | saeng-gwa-il-ju-seu |

| cerveja (f) | 맥주 | maek-ju |
| cerveja (f) clara | 라거 | ra-geo |
| cerveja (f) preta | 흑맥주 | heung-maek-ju |

| chá (m) | 차 | cha |
| chá (m) preto | 홍차 | hong-cha |
| chá (m) verde | 녹차 | nok-cha |

## 54. Vegetais

| legumes (m pl) | 채소 | chae-so |
| verduras (f pl) | 녹황색 채소 | nok-wang-saek chae-so |

| tomate (m) | 토마토 | to-ma-to |
| pepino (m) | 오이 | o-i |
| cenoura (f) | 당근 | dang-geun |
| batata (f) | 감자 | gam-ja |
| cebola (f) | 양파 | yang-pa |
| alho (m) | 마늘 | ma-neul |

| couve (f) | 양배추 | yang-bae-chu |
| couve-flor (f) | 콜리플라워 | keol-li-peul-la-wo |
| couve-de-bruxelas (f) | 방울다다기 양배추 | bang-ul-da-da-gi yang-bae-chu |

| brócolos (m pl) | 브로콜리 | beu-ro-kol-li |

| beterraba (f) | 비트 | bi-teu |
| beringela (f) | 가지 | ga-ji |
| curgete (f) | 애호박 | ae-ho-bak |

| abóbora (f) | 호박 | ho-bak |
| nabo (m) | 순무 | sun-mu |

| salsa (f) | 파슬리 | pa-seul-li |
| funcho, endro (m) | 딜 | dil |
| alface (f) | 양상추 | yang-sang-chu |
| aipo (m) | 셀러리 | sel-leo-ri |

| espargo (m) | 아스파라거스 | a-seu-pa-ra-geo-seu |
| espinafre (m) | 시금치 | si-geum-chi |

| ervilha (f) | 완두 | wan-du |
| fava (f) | 콩 | kong |

| milho (m) | 옥수수 | ok-su-su |
| feijão (m) | 강낭콩 | gang-nang-kong |

| pimentão (m) | 피망 | pi-mang |
| rabanete (m) | 무 | mu |
| alcachofra (f) | 아티초크 | a-ti-cho-keu |

## 55. Frutos. Nozes

| | | |
|---|---|---|
| fruta (f) | 과일 | gwa-il |
| maçã (f) | 사과 | sa-gwa |
| pera (f) | 배 | bae |
| limão (m) | 레몬 | re-mon |
| laranja (f) | 오렌지 | o-ren-ji |
| morango (m) | 딸기 | ttal-gi |
| | | |
| tangerina (f) | 귤 | gyul |
| ameixa (f) | 자두 | ja-du |
| pêssego (m) | 복숭아 | bok-sung-a |
| damasco (m) | 살구 | sal-gu |
| framboesa (f) | 라즈베리 | ra-jeu-be-ri |
| ananás (m) | 파인애플 | pa-in-ae-peul |
| | | |
| banana (f) | 바나나 | ba-na-na |
| melancia (f) | 수박 | su-bak |
| uva (f) | 포도 | po-do |
| ginja (f) | 신양 | si-nyang |
| cereja (f) | 양벚나무 | yang-beon-na-mu |
| meloa (f) | 멜론 | mel-lon |
| | | |
| toranja (f) | 자몽 | ja-mong |
| abacate (m) | 아보카도 | a-bo-ka-do |
| papaia (f) | 파파야 | pa-pa-ya |
| manga (f) | 망고 | mang-go |
| romã (f) | 석류 | seong-nyu |
| | | |
| groselha (f) vermelha | 레드커런트 | re-deu-keo-ren-teu |
| groselha (f) preta | 블랙커런트 | beul-laek-keo-ren-teu |
| groselha (f) espinhosa | 구스베리 | gu-seu-be-ri |
| mirtilo (m) | 빌베리 | bil-be-ri |
| amora silvestre (f) | 블랙베리 | beul-laek-be-ri |
| | | |
| uvas (f pl) passas | 건포도 | geon-po-do |
| figo (m) | 무화과 | mu-hwa-gwa |
| tâmara (f) | 대추야자 | dae-chu-ya-ja |
| | | |
| amendoim (m) | 땅콩 | ttang-kong |
| amêndoa (f) | 아몬드 | a-mon-deu |
| noz (f) | 호두 | ho-du |
| avelã (f) | 개암 | gae-am |
| coco (m) | 코코넛 | ko-ko-neot |
| pistáchios (m pl) | 피스타치오 | pi-seu-ta-chi-o |

## 56. Pão. Bolaria

| | | |
|---|---|---|
| pastelaria (f) | 과자류 | gwa-ja-ryu |
| pão (m) | 빵 | ppang |
| bolacha (f) | 쿠키 | ku-ki |
| chocolate (m) | 초콜릿 | cho-kol-lit |
| de chocolate | 초콜릿의 | cho-kol-lis-ui |

| rebuçado (m) | 사탕 | sa-tang |
| bolo (cupcake, etc.) | 케이크 | ke-i-keu |
| bolo (m) de aniversário | 케이크 | ke-i-keu |

| tarte (~ de maçã) | 파이 | pa-i |
| recheio (m) | 속 | sok |

| doce (m) | 잼 | jaem |
| geleia (f) de frutas | 마멀레이드 | ma-meol-le-i-deu |
| waffle (m) | 와플 | wa-peul |
| gelado (m) | 아이스크림 | a-i-seu-keu-rim |

## 57. Especiarias

| sal (m) | 소금 | so-geum |
| salgado | 짜 | jja |
| salgar (vt) | 소금을 넣다 | so-geu-meul leo-ta |

| pimenta (f) preta | 후추 | hu-chu |
| pimenta (f) vermelha | 고춧가루 | go-chut-ga-ru |
| mostarda (f) | 겨자 | gyeo-ja |
| raiz-forte (f) | 고추냉이 | go-chu-naeng-i |

| condimento (m) | 양념 | yang-nyeom |
| especiaria (f) | 향료 | hyang-nyo |
| molho (m) | 소스 | so-seu |
| vinagre (m) | 식초 | sik-cho |

| anis (m) | 아니스 | a-ni-seu |
| manjericão (m) | 바질 | ba-jil |
| cravo (m) | 정향 | jeong-hyang |
| gengibre (m) | 생강 | saeng-gang |
| coentro (m) | 고수 | go-su |
| canela (f) | 계피 | gye-pi |

| sésamo (m) | 깨 | kkae |
| folhas (f pl) de louro | 월계수잎 | wol-gye-su-ip |
| páprica (f) | 파프리카 | pa-peu-ri-ka |
| cominho (m) | 캐러웨이 | kae-reo-we-i |
| açafrão (m) | 사프란 | sa-peu-ran |

# INFORMAÇÃO PESSOAL. FAMÍLIA

## 58. Informação pessoal. Formulários

| | | |
|---|---|---|
| nome (m) | 이름 | i-reum |
| apelido (m) | 성 | seong |
| data (f) de nascimento | 생년월일 | saeng-nyeon-wo-ril |
| local (m) de nascimento | 탄생지 | tan-saeng-ji |
| | | |
| nacionalidade (f) | 국적 | guk-jeok |
| lugar (m) de residência | 거소 | geo-so |
| país (m) | 나라 | na-ra |
| profissão (f) | 직업 | ji-geop |
| | | |
| sexo (m) | 성별 | seong-byeol |
| estatura (f) | 키 | ki |
| peso (m) | 몸무게 | mom-mu-ge |

## 59. Membros da família. Parentes

| | | |
|---|---|---|
| mãe (f) | 어머니 | eo-meo-ni |
| pai (m) | 아버지 | a-beo-ji |
| filho (m) | 아들 | a-deul |
| filha (f) | 딸 | ttal |
| | | |
| filha (f) mais nova | 작은딸 | ja-geun-ttal |
| filho (m) mais novo | 작은아들 | ja-geun-a-deul |
| filha (f) mais velha | 맏딸 | mat-ttal |
| filho (m) mais velho | 맏아들 | ma-da-deul |
| | | |
| irmão (m) | 형제 | hyeong-je |
| irmã (f) | 자매 | ja-mae |
| | | |
| primo (m) | 사촌 형제 | sa-chon hyeong-je |
| prima (f) | 사촌 자매 | sa-chon ja-mae |
| | | |
| mamã (f) | 엄마 | eom-ma |
| papá (m) | 아빠 | a-ppa |
| pais (pl) | 부모 | bu-mo |
| criança (f) | 아이, 아동 | a-i, a-dong |
| crianças (f pl) | 아이들 | a-i-deul |
| | | |
| avó (f) | 할머니 | hal-meo-ni |
| avô (m) | 할아버지 | ha-ra-beo-ji |
| neto (m) | 손자 | son-ja |
| neta (f) | 손녀 | son-nyeo |
| netos (pl) | 손자들 | son-ja-deul |
| tio (m) | 삼촌 | sam-chon |

| sobrinho (m) | 조카 | jo-ka |
| sobrinha (f) | 조카딸 | jo-ka-ttal |

| sogra (f) | 장모 | jang-mo |
| sogro (m) | 시아버지 | si-a-beo-ji |
| genro (m) | 사위 | sa-wi |
| madrasta (f) | 계모 | gye-mo |
| padrasto (m) | 계부 | gye-bu |

| criança (f) de colo | 영아 | yeong-a |
| bebé (m) | 아기 | a-gi |
| menino (m) | 꼬마 | kko-ma |

| mulher (f) | 아내 | a-nae |
| marido (m) | 남편 | nam-pyeon |
| esposo (m) | 배우자 | bae-u-ja |
| esposa (f) | 배우자 | bae-u-ja |

| casado | 결혼한 | gyeol-hon-han |
| casada | 결혼한 | gyeol-hon-han |
| solteiro | 미혼의 | mi-hon-ui |
| solteirão (m) | 미혼 남자 | mi-hon nam-ja |
| divorciado | 이혼한 | i-hon-han |
| viúva (f) | 과부 | gwa-bu |
| viúvo (m) | 홀아비 | ho-ra-bi |

| parente (m) | 친척 | chin-cheok |
| parente (m) próximo | 가까운 친척 | ga-kka-un chin-cheok |
| parente (m) distante | 먼 친척 | meon chin-cheok |
| parentes (m pl) | 친척들 | chin-cheok-deul |

| órfão (m), órfã (f) | 고아 | go-a |
| tutor (m) | 후견인 | hu-gyeon-in |
| adotar (um filho) | 입양하다 | i-byang-ha-da |
| adotar (uma filha) | 입양하다 | i-byang-ha-da |

## 60. Amigos. Colegas de trabalho

| amigo (m) | 친구 | chin-gu |
| amiga (f) | 친구 | chin-gu |
| amizade (f) | 우정 | u-jeong |
| ser amigos | 사귀다 | sa-gwi-da |

| amigo (m) | 벗 | beot |
| amiga (f) | 벗 | beot |
| parceiro (m) | 파트너 | pa-teu-neo |

| chefe (m) | 상사 | sang-sa |
| superior (m) | 윗사람 | wit-sa-ram |
| subordinado (m) | 부하 | bu-ha |
| colega (m) | 동료 | dong-nyo |

| conhecido (m) | 아는 사람 | a-neun sa-ram |
| companheiro (m) de viagem | 동행자 | dong-haeng-ja |

| colega (m) de classe | 동급생 | dong-geup-saeng |
| vizinho (m) | 이웃 | i-ut |
| vizinha (f) | 이웃 | i-ut |
| vizinhos (pl) | 이웃들 | i-ut-deul |

# CORPO HUMANO. MEDICINA

## 61. Cabeça

| | | |
|---|---|---|
| cabeça (f) | 머리 | meo-ri |
| cara (f) | 얼굴 | eol-gul |
| nariz (m) | 코 | ko |
| boca (f) | 입 | ip |
| olho (m) | 눈 | nun |
| olhos (m pl) | 눈 | nun |
| pupila (f) | 눈동자 | nun-dong-ja |
| sobrancelha (f) | 눈썹 | nun-sseop |
| pestana (f) | 속눈썹 | song-nun-sseop |
| pálpebra (f) | 눈꺼풀 | nun-kkeo-pul |
| língua (f) | 혀 | hyeo |
| dente (m) | 이 | i |
| lábios (m pl) | 입술 | ip-sul |
| maçãs (f pl) do rosto | 광대뼈 | gwang-dae-ppyeo |
| gengiva (f) | 잇몸 | in-mom |
| paladar (m) | 입천장 | ip-cheon-jang |
| narinas (f pl) | 콧구멍 | kot-gu-meong |
| queixo (m) | 턱 | teok |
| mandíbula (f) | 턱 | teok |
| bochecha (f) | 뺨, 볼 | ppyam, bol |
| testa (f) | 이마 | i-ma |
| têmpora (f) | 관자놀이 | gwan-ja-no-ri |
| orelha (f) | 귀 | gwi |
| nuca (f) | 뒤통수 | dwi-tong-su |
| pescoço (m) | 목 | mok |
| garganta (f) | 목구멍 | mok-gu-meong |
| cabelos (m pl) | 머리털, 헤어 | meo-ri-teol, he-eo |
| penteado (m) | 머리 스타일 | meo-ri seu-ta-il |
| corte (m) de cabelo | 헤어컷 | he-eo-keot |
| peruca (f) | 가발 | ga-bal |
| bigode (m) | 콧수염 | kot-su-yeom |
| barba (f) | 턱수염 | teok-su-yeom |
| usar, ter (~ barba, etc.) | 기르다 | gi-reu-da |
| trança (f) | 땋은 머리 | tta-eun meo-ri |
| suíças (f pl) | 구레나룻 | gu-re-na-rut |
| ruivo | 빨강머리의 | ppal-gang-meo-ri-ui |
| grisalho | 흰머리의 | huin-meo-ri-ui |
| calvo | 대머리인 | dae-meo-ri-in |
| calva (f) | 땜통 | ttaem-tong |

| rabo-de-cavalo (m) | 말총머리 | mal-chong-meo-ri |
| franja (f) | 앞머리 | am-meo-ri |

## 62. Corpo humano

| mão (f) | 손 | son |
| braço (m) | 팔 | pal |

| dedo (m) | 손가락 | son-ga-rak |
| polegar (m) | 엄지손가락 | eom-ji-son-ga-rak |
| dedo (m) mindinho | 새끼손가락 | sae-kki-son-ga-rak |
| unha (f) | 손톱 | son-top |

| punho (m) | 주먹 | ju-meok |
| palma (f) da mão | 손바닥 | son-ba-dak |
| pulso (m) | 손목 | son-mok |
| antebraço (m) | 전박 | jeon-bak |
| cotovelo (m) | 팔꿈치 | pal-kkum-chi |
| ombro (m) | 어깨 | eo-kkae |

| perna (f) | 다리 | da-ri |
| pé (m) | 발 | bal |
| joelho (m) | 무릎 | mu-reup |
| barriga (f) da perna | 종아리 | jong-a-ri |
| anca (f) | 엉덩이 | eong-deong-i |
| calcanhar (m) | 발뒤꿈치 | bal-dwi-kkum-chi |

| corpo (m) | 몸 | mom |
| barriga (f) | 배 | bae |
| peito (m) | 가슴 | ga-seum |
| seio (m) | 가슴 | ga-seum |
| lado (m) | 옆구리 | yeop-gu-ri |
| costas (f pl) | 등 | deung |
| região (f) lombar | 허리 | heo-ri |
| cintura (f) | 허리 | heo-ri |

| umbigo (m) | 배꼽 | bae-kkop |
| nádegas (f pl) | 엉덩이 | eong-deong-i |
| traseiro (m) | 엉덩이 | eong-deong-i |

| sinal (m) | 점 | jeom |
| sinal (m) de nascença | 모반 | mo-ban |
| tatuagem (f) | 문신 | mun-sin |
| cicatriz (f) | 흉터 | hyung-teo |

## 63. Doenças

| doença (f) | 병 | byeong |
| estar doente | 눕다 | nup-da |
| saúde (f) | 건강 | geon-gang |
| nariz (m) a escorrer | 비염 | bi-yeom |
| amigdalite (f) | 편도염 | pyeon-do-yeom |

| | | |
|---|---|---|
| constipação (f) | 감기 | gam-gi |
| constipar-se (vr) | 감기에 걸리다 | gam-gi-e geol-li-da |
| | | |
| bronquite (f) | 기관지염 | gi-gwan-ji-yeom |
| pneumonia (f) | 폐렴 | pye-ryeom |
| gripe (f) | 독감 | dok-gam |
| | | |
| míope | 근시의 | geun-si-ui |
| presbita | 원시의 | won-si-ui |
| estrabismo (m) | 사시 | sa-si |
| estrábico | 사시인 | sa-si-in |
| catarata (f) | 백내장 | baeng-nae-jang |
| glaucoma (m) | 녹내장 | nong-nae-jang |
| | | |
| AVC (m), apoplexia (f) | 뇌졸중 | noe-jol-jung |
| ataque (m) cardíaco | 심장마비 | sim-jang-ma-bi |
| enfarte (m) do miocárdio | 심근경색증 | sim-geun-gyeong-saek-jeung |
| paralisia (f) | 마비 | ma-bi |
| paralisar (vt) | 마비되다 | ma-bi-doe-da |
| | | |
| alergia (f) | 알레르기 | al-le-reu-gi |
| asma (f) | 천식 | cheon-sik |
| diabetes (f) | 당뇨병 | dang-nyo-byeong |
| | | |
| dor (f) de dentes | 치통, 이앓이 | chi-tong, i-a-ri |
| cárie (f) | 충치 | chung-chi |
| | | |
| diarreia (f) | 설사 | seol-sa |
| prisão (f) de ventre | 변비증 | byeon-bi-jeung |
| desarranjo (m) intestinal | 배탈 | bae-tal |
| intoxicação (f) alimentar | 식중독 | sik-jung-dok |
| intoxicar-se | 식중독에 걸리다 | sik-jung-do-ge geol-li-da |
| | | |
| artrite (f) | 관절염 | gwan-jeo-ryeom |
| raquitismo (m) | 구루병 | gu-ru-byeong |
| reumatismo (m) | 류머티즘 | ryu-meo-ti-jeum |
| | | |
| gastrite (f) | 위염 | wi-yeom |
| apendicite (f) | 맹장염 | maeng-jang-yeom |
| colecistite (f) | 담낭염 | dam-nang-yeom |
| úlcera (f) | 궤양 | gwe-yang |
| | | |
| sarampo (m) | 홍역 | hong-yeok |
| rubéola (f) | 풍진 | pung-jin |
| iterícia (f) | 황달 | hwang-dal |
| hepatite (f) | 간염 | gan-nyeom |
| | | |
| esquizofrenia (f) | 정신 분열증 | jeong-sin bu-nyeol-jung |
| raiva (f) | 광견병 | gwang-gyeon-byeong |
| neurose (f) | 신경증 | sin-gyeong-jeung |
| comoção (f) cerebral | 뇌진탕 | noe-jin-tang |
| | | |
| cancro (m) | 암 | am |
| esclerose (f) | 경화증 | gyeong-hwa-jeung |
| esclerose (f) múltipla | 다발성 경화증 | da-bal-seong gyeong-hwa-jeung |

| alcoolismo (m) | 알코올 중독 | al-ko-ol jung-dok |
| alcoólico (m) | 알코올 중독자 | al-ko-ol jung-dok-ja |
| sífilis (f) | 매독 | mae-dok |
| SIDA (f) | 에이즈 | e-i-jeu |

| tumor (m) | 종양 | jong-yang |
| maligno | 악성의 | ak-seong-ui |
| benigno | 양성의 | yang-seong-ui |

| febre (f) | 열병 | yeol-byeong |
| malária (f) | 말라리아 | mal-la-ri-a |
| gangrena (f) | 괴저 | goe-jeo |
| enjoo (m) | 뱃멀미 | baen-meol-mi |
| epilepsia (f) | 간질 | gan-jil |

| epidemia (f) | 유행병 | yu-haeng-byeong |
| tifo (m) | 발진티푸스 | bal-jin-ti-pu-seu |
| tuberculose (f) | 결핵 | gyeol-haek |
| cólera (f) | 콜레라 | kol-le-ra |
| peste (f) | 페스트 | pe-seu-teu |

## 64. Simtomas. Tratamentos. Parte 1

| sintoma (m) | 증상 | jeung-sang |
| temperatura (f) | 체온 | che-on |
| febre (f) | 열 | yeol |
| pulso (m) | 맥박 | maek-bak |

| vertigem (f) | 현기증 | hyeon-gi-jeung |
| quente (testa, etc.) | 뜨거운 | tteu-geo-un |
| calafrio (m) | 전율 | jeo-nyul |
| pálido | 창백한 | chang-baek-an |

| tosse (f) | 기침 | gi-chim |
| tossir (vi) | 기침을 하다 | gi-chi-meul ha-da |
| espirrar (vi) | 재채기하다 | jae-chae-gi-ha-da |
| desmaio (m) | 실신 | sil-sin |
| desmaiar (vi) | 실신하다 | sil-sin-ha-da |

| nódoa (f) negra | 멍 | meong |
| galo (m) | 혹 | hok |
| magoar-se (vr) | 부딪치다 | bu-dit-chi-da |
| pisadura (f) | 타박상 | ta-bak-sang |
| aleijar-se (vr) | 타박상을 입다 | ta-bak-sang-eul rip-da |

| coxear (vi) | 절다 | jeol-da |
| deslocação (f) | 탈구 | tal-gu |
| deslocar (vt) | 탈구하다 | tal-gu-ha-da |
| fratura (f) | 골절 | gol-jeol |
| fraturar (vt) | 골절하다 | gol-jeol-ha-da |

| corte (m) | 베인 | be-in |
| cortar-se (vr) | 베다 | jeol-chang-eul rip-da |
| hemorragia (f) | 출혈 | chul-hyeol |

| queimadura (f) | 화상 | hwa-sang |
| queimar-se (vr) | 데다 | de-da |

| picar (vt) | 찌르다 | jji-reu-da |
| picar-se (vr) | 찔리다 | jjil-li-da |
| lesionar (vt) | 다치다 | da-chi-da |
| lesão (m) | 부상 | bu-sang |
| ferida (f), ferimento (m) | 부상 | bu-sang |
| trauma (m) | 정신적 외상 | jeong-sin-jeok goe-sang |

| delirar (vi) | 망상을 겪다 | mang-sang-eul gyeok-da |
| gaguejar (vi) | 말을 더듬다 | ma-reul deo-deum-da |
| insolação (f) | 일사병 | il-sa-byeong |

## 65. Simtomas. Tratamentos. Parte 2

| dor (f) | 통증 | tong-jeung |
| farpa (no dedo) | 가시 | ga-si |

| suor (m) | 땀 | ttam |
| suar (vi) | 땀이 나다 | ttam-i na-da |
| vómito (m) | 구토 | gu-to |
| convulsões (f pl) | 경련 | gyeong-nyeon |

| grávida | 임신한 | im-sin-han |
| nascer (vi) | 태어나다 | tae-eo-na-da |
| parto (m) | 출산 | chul-san |
| dar à luz | 낳다 | na-ta |
| aborto (m) | 낙태 | nak-tae |

| respiração (f) | 호흡 | ho-heup |
| inspiração (f) | 들숨 | deul-sum |
| expiração (f) | 날숨 | nal-sum |
| expirar (vi) | 내쉬다 | nae-swi-da |
| inspirar (vi) | 들이쉬다 | deu-ri-swi-da |

| inválido (m) | 장애인 | jang-ae-in |
| aleijado (m) | 병신 | byeong-sin |
| toxicodependente (m) | 마약 중독자 | ma-yak jung-dok-ja |

| surdo | 귀가 먼 | gwi-ga meon |
| mudo | 벙어리인 | beong-eo-ri-in |
| surdo-mudo | 농아인 | nong-a-in |

| louco (adj.) | 미친 | mi-chin |
| louco (m) | 광인 | gwang-in |
| louca (f) | 광인 | gwang-in |
| ficar louco | 미치다 | mi-chi-da |

| gene (m) | 유전자 | yu-jeon-ja |
| imunidade (f) | 면역성 | myeo-nyeok-seong |
| hereditário | 유전의 | yu-jeon-ui |
| congénito | 선천적인 | seon-cheon-jeo-gin |
| vírus (m) | 바이러스 | ba-i-reo-seu |

| | | |
|---|---|---|
| micróbio (m) | 미생물 | mi-saeng-mul |
| bactéria (f) | 세균 | se-gyun |
| infeção (f) | 감염 | gam-nyeom |

## 66. Simtomas. Tratamentos. Parte 3

| | | |
|---|---|---|
| hospital (m) | 병원 | byeong-won |
| paciente (m) | 환자 | hwan-ja |
| | | |
| diagnóstico (m) | 진단 | jin-dan |
| cura (f) | 치료 | chi-ryo |
| curar-se (vr) | 치료를 받다 | chi-ryo-reul bat-da |
| tratar (vt) | 치료하다 | chi-ryo-ha-da |
| cuidar (pessoa) | 간호하다 | gan-ho-ha-da |
| cuidados (m pl) | 간호 | gan-ho |
| | | |
| operação (f) | 수술 | su-sul |
| enfaixar (vt) | 붕대를 감다 | bung-dae-reul gam-da |
| ligadura (f) | 붕대 | bung-dae |
| | | |
| vacinação (f) | 예방주사 | ye-bang-ju-sa |
| vacinar (vt) | 접종하다 | jeop-jong-ha-da |
| injeção (f) | 주사 | ju-sa |
| dar uma injeção | 주사하다 | ju-sa-ha-da |
| | | |
| amputação (f) | 절단 | jeol-dan |
| amputar (vt) | 절단하다 | jeol-dan-ha-da |
| coma (f) | 혼수 상태 | hon-su sang-tae |
| estar em coma | 혼수 상태에 있다 | hon-su sang-tae-e it-da |
| reanimação (f) | 집중 치료 | jip-jung chi-ryo |
| | | |
| recuperar-se (vr) | 회복하다 | hoe-bok-a-da |
| estado (~ de saúde) | 상태 | sang-tae |
| consciência (f) | 의식 | ui-sik |
| memória (f) | 기억 | gi-eok |
| | | |
| tirar (vt) | 빼다 | ppae-da |
| chumbo (m), obturação (f) | 충전물 | chung-jeon-mul |
| chumbar, obturar (vt) | 때우다 | ttae-u-da |
| | | |
| hipnose (f) | 최면 | choe-myeon |
| hipnotizar (vt) | 최면을 걸다 | choe-myeo-neul geol-da |

## 67. Medicina. Drogas. Acessõrios

| | | |
|---|---|---|
| medicamento (m) | 약 | yak |
| remédio (m) | 약제 | yak-je |
| receita (f) | 처방 | cheo-bang |
| | | |
| comprimido (m) | 정제 | jeong-je |
| pomada (f) | 연고 | yeon-go |
| ampola (f) | 앰풀 | aem-pul |

| | | |
|---|---|---|
| preparado (m) | 혼합물 | hon-ham-mul |
| xarope (m) | 물약 | mul-lyak |
| cápsula (f) | 알약 | a-ryak |
| remédio (m) em pó | 가루약 | ga-ru-yak |
| | | |
| ligadura (f) | 거즈 붕대 | geo-jeu bung-dae |
| algodão (m) | 솜 | som |
| iodo (m) | 요오드 | yo-o-deu |
| | | |
| penso (m) rápido | 반창고 | ban-chang-go |
| conta-gotas (f) | 점안기 | jeom-an-gi |
| termómetro (m) | 체온계 | che-on-gye |
| seringa (f) | 주사기 | ju-sa-gi |
| | | |
| cadeira (f) de rodas | 휠체어 | hwil-che-eo |
| muletas (f pl) | 목발 | mok-bal |
| | | |
| analgésico (m) | 진통제 | jin-tong-je |
| laxante (m) | 완하제 | wan-ha-je |
| álcool (m) etílico | 알코올 | al-ko-ol |
| ervas (f pl) medicinais | 약초 | yak-cho |
| de ervas (chá ~) | 약초의 | yak-cho-ui |

# APARTAMENTO

## 68. Apartamento

| | | |
|---|---|---|
| apartamento (m) | 아파트 | a-pa-teu |
| quarto (m) | 방 | bang |
| quarto (m) de dormir | 침실 | chim-sil |
| sala (f) de jantar | 식당 | sik-dang |
| sala (f) de estar | 거실 | geo-sil |
| escritório (m) | 서재 | seo-jae |
| | | |
| antessala (f) | 곁방 | gyeot-bang |
| quarto (m) de banho | 욕실 | yok-sil |
| toilette (lavabo) | 화장실 | hwa-jang-sil |
| | | |
| teto (m) | 천장 | cheon-jang |
| chão, soalho (m) | 마루 | ma-ru |
| canto (m) | 구석 | gu-seok |

## 69. Mobiliário. Interior

| | | |
|---|---|---|
| mobiliário (m) | 가구 | ga-gu |
| mesa (f) | 식탁, 테이블 | sik-tak, te-i-beul |
| cadeira (f) | 의자 | ui-ja |
| cama (f) | 침대 | chim-dae |
| divã (m) | 소파 | so-pa |
| cadeirão (m) | 안락 의자 | al-lak gui-ja |
| | | |
| estante (f) | 책장 | chaek-jang |
| prateleira (f) | 책꽂이 | chaek-kko-ji |
| | | |
| guarda-vestidos (m) | 옷장 | ot-jang |
| cabide (m) de parede | 옷걸이 | ot-geo-ri |
| cabide (m) de pé | 스탠드옷걸이 | seu-taen-deu-ot-geo-ri |
| | | |
| cómoda (f) | 서랍장 | seo-rap-jang |
| mesinha (f) de centro | 커피 테이블 | keo-pi te-i-beul |
| | | |
| espelho (m) | 거울 | geo-ul |
| tapete (m) | 양탄자 | yang-tan-ja |
| tapete (m) pequeno | 러그 | reo-geu |
| | | |
| lareira (f) | 벽난로 | byeong-nan-no |
| vela (f) | 초 | cho |
| castiçal (m) | 촛대 | chot-dae |
| | | |
| cortinas (f pl) | 커튼 | keo-teun |
| papel (m) de parede | 벽지 | byeok-ji |

| estores (f pl) | 블라인드 | beul-la-in-deu |
| candeeiro (m) de mesa | 테이블 램프 | deung |
| candeeiro (m) de parede | 벽등 | byeok-deung |
| candeeiro (m) de pé | 플로어 스탠드 | peul-lo-eo seu-taen-deu |
| lustre (m) | 샹들리에 | syang-deul-li-e |
| | | |
| perna (da cadeira, etc.) | 다리 | da-ri |
| braço (m) | 팔걸이 | pal-geo-ri |
| costas (f pl) | 등받이 | deung-ba-ji |
| gaveta (f) | 서랍 | seo-rap |

## 70. Quarto de dormir

| roupa (f) de cama | 침구 | chim-gu |
| almofada (f) | 베개 | be-gae |
| fronha (f) | 베갯잇 | be-gaen-nit |
| cobertor (m) | 이불 | i-bul |
| lençol (m) | 시트 | si-teu |
| colcha (f) | 침대보 | chim-dae-bo |

## 71. Cozinha

| cozinha (f) | 부엌 | bu-eok |
| gás (m) | 가스 | ga-seu |
| fogão (m) a gás | 가스 레인지 | ga-seu re-in-ji |
| fogão (m) elétrico | 전기 레인지 | jeon-gi re-in-ji |
| forno (m) | 오븐 | o-beun |
| forno (m) de micro-ondas | 전자 레인지 | jeon-ja re-in-ji |
| | | |
| frigorífico (m) | 냉장고 | naeng-jang-go |
| congelador (m) | 냉동고 | naeng-dong-go |
| máquina (f) de lavar louça | 식기 세척기 | sik-gi se-cheok-gi |
| | | |
| moedor (m) de carne | 고기 분쇄기 | go-gi bun-swae-gi |
| espremedor (m) | 과즙기 | gwa-jeup-gi |
| torradeira (f) | 토스터 | to-seu-teo |
| batedeira (f) | 믹서기 | mik-seo-gi |
| | | |
| máquina (f) de café | 커피 메이커 | keo-pi me-i-keo |
| cafeteira (f) | 커피 주전자 | keo-pi ju-jeon-ja |
| moinho (m) de café | 커피 그라인더 | keo-pi geu-ra-in-deo |
| | | |
| chaleira (f) | 주전자 | ju-jeon-ja |
| bule (m) | 티팟 | ti-pat |
| tampa (f) | 뚜껑 | ttu-kkeong |
| coador (f) de chá | 차거름망 | cha-geo-reum-mang |
| | | |
| colher (f) | 숟가락 | sut-ga-rak |
| colher (f) de chá | 티스푼 | ti-seu-pun |
| colher (f) de sopa | 숟가락 | sut-ga-rak |
| garfo (m) | 포크 | po-keu |
| faca (f) | 칼 | kal |

| louça (f) | 식기 | sik-gi |
| prato (m) | 접시 | jeop-si |
| pires (m) | 받침 접시 | bat-chim jeop-si |

| cálice (m) | 소주잔 | so-ju-jan |
| copo (m) | 유리잔 | yu-ri-jan |
| chávena (f) | 컵 | keop |

| açucareiro (m) | 설탕그릇 | seol-tang-geu-reut |
| saleiro (m) | 소금통 | so-geum-tong |
| pimenteiro (m) | 후추통 | hu-chu-tong |
| manteigueira (f) | 버터 접시 | beo-teo jeop-si |

| panela, caçarola (f) | 냄비 | naem-bi |
| frigideira (f) | 프라이팬 | peu-ra-i-paen |
| concha (f) | 국자 | guk-ja |
| passador (m) | 체 | che |
| bandeja (f) | 쟁반 | jaeng-ban |

| garrafa (f) | 병 | byeong |
| boião (m) de vidro | 유리병 | yu-ri-byeong |
| lata (f) | 캔, 깡통 | kaen, kkang-tong |

| abre-garrafas (m) | 병따개 | byeong-tta-gae |
| abre-latas (m) | 깡통 따개 | kkang-tong tta-gae |
| saca-rolhas (m) | 코르크 마개 뽑이 | ko-reu-keu ma-gae ppo-bi |
| filtro (m) | 필터 | pil-teo |
| filtrar (vt) | 여과하다 | yeo-gwa-ha-da |

| lixo (m) | 쓰레기 | sseu-re-gi |
| balde (m) do lixo | 쓰레기통 | sseu-re-gi-tong |

## 72. Casa de banho

| quarto (m) de banho | 욕실 | yok-sil |
| água (f) | 물 | mul |
| torneira (f) | 수도꼭지 | su-do-kkok-ji |
| água (f) quente | 온수 | on-su |
| água (f) fria | 냉수 | naeng-su |

| pasta (f) de dentes | 치약 | chi-yak |
| escovar os dentes | 이를 닦다 | i-reul dak-da |

| barbear-se (vr) | 깎다 | kkak-da |
| espuma (f) de barbear | 면도 크림 | myeon-do keu-rim |
| máquina (f) de barbear | 면도기 | myeon-do-gi |

| lavar (vt) | 씻다 | ssit-da |
| lavar-se (vr) | 목욕하다 | mo-gyok-a-da |
| duche (m) | 샤워 | sya-wo |
| tomar um duche | 샤워하다 | sya-wo-ha-da |

| banheira (f) | 욕조 | yok-jo |
| sanita (f) | 변기 | byeon-gi |

| lavatório (m) | 세면대 | se-myeon-dae |
| sabonete (m) | 비누 | bi-nu |
| saboneteira (f) | 비누 그릇 | bi-nu geu-reut |

| esponja (f) | 스펀지 | seu-peon-ji |
| champô (m) | 샴푸 | syam-pu |
| toalha (f) | 수건 | su-geon |
| roupão (m) de banho | 목욕가운 | mo-gyok-ga-un |

| lavagem (f) | 빨래 | ppal-lae |
| máquina (f) de lavar | 세탁기 | se-tak-gi |
| lavar a roupa | 빨래하다 | ppal-lae-ha-da |
| detergente (m) | 가루세제 | ga-ru-se-je |

## 73. Eletrodomésticos

| televisor (m) | 텔레비전 | tel-le-bi-jeon |
| gravador (m) | 카세트 플레이어 | ka-se-teu peul-le-i-eo |
| videogravador (m) | 비디오테이프 녹화기 | bi-di-o-te-i-peu nok-wa-gi |
| rádio (m) | 라디오 | ra-di-o |
| leitor (m) | 플레이어 | peul-le-i-eo |

| projetor (m) | 프로젝터 | peu-ro-jek-teo |
| cinema (m) em casa | 홈씨어터 | hom-ssi-eo-teo |
| leitor (m) de DVD | 디비디 플레이어 | di-bi-di peul-le-i-eo |
| amplificador (m) | 앰프 | aem-peu |
| console (f) de jogos | 게임기 | ge-im-gi |

| câmara (f) de vídeo | 캠코더 | kaem-ko-deo |
| máquina (f) fotográfica | 카메라 | ka-me-ra |
| câmara (f) digital | 디지털 카메라 | di-ji-teol ka-me-ra |

| aspirador (m) | 진공 청소기 | jin-gong cheong-so-gi |
| ferro (m) de engomar | 다리미 | da-ri-mi |
| tábua (f) de engomar | 다림질 판 | da-rim-jil pan |

| telefone (m) | 전화 | jeon-hwa |
| telemóvel (m) | 휴대폰 | hyu-dae-pon |
| máquina (f) de escrever | 타자기 | ta-ja-gi |
| máquina (f) de costura | 재봉틀 | jae-bong-teul |

| microfone (m) | 마이크 | ma-i-keu |
| auscultadores (m pl) | 헤드폰 | he-deu-pon |
| controlo remoto (m) | 원격 조종 | won-gyeok jo-jong |

| CD (m) | 씨디 | ssi-di |
| cassete (f) | 테이프 | te-i-peu |
| disco (m) de vinil | 레코드 판 | re-ko-deu pan |

# A TERRA. TEMPO

## 74. Espaço sideral

| | | |
|---|---|---|
| cosmos (m) | 우주 | u-ju |
| cósmico | 우주의 | u-ju-ui |
| espaço (m) cósmico | 우주 공간 | u-ju gong-gan |
| mundo (m) | 세계 | se-gye |
| universo (m) | 우주 | u-ju |
| galáxia (f) | 은하 | eun-ha |
| | | |
| estrela (f) | 별, 항성 | byeol, hang-seong |
| constelação (f) | 별자리 | byeol-ja-ri |
| planeta (m) | 행성 | haeng-seong |
| satélite (m) | 인공위성 | in-gong-wi-seong |
| | | |
| meteorito (m) | 운석 | un-seok |
| cometa (m) | 혜성 | hye-seong |
| asteroide (m) | 소행성 | so-haeng-seong |
| | | |
| órbita (f) | 궤도 | gwe-do |
| girar (vi) | 회전한다 | hoe-jeon-han-da |
| atmosfera (f) | 대기 | dae-gi |
| | | |
| Sol (m) | 태양 | tae-yang |
| Sistema (m) Solar | 태양계 | tae-yang-gye |
| eclipse (m) solar | 일식 | il-sik |
| | | |
| Terra (f) | 지구 | ji-gu |
| Lua (f) | 달 | dal |
| | | |
| Marte (m) | 화성 | hwa-seong |
| Vénus (m) | 금성 | geum-seong |
| Júpiter (m) | 목성 | mok-seong |
| Saturno (m) | 토성 | to-seong |
| | | |
| Mercúrio (m) | 수성 | su-seong |
| Urano (m) | 천왕성 | cheon-wang-seong |
| Neptuno (m) | 해왕성 | hae-wang-seong |
| Plutão (m) | 명왕성 | myeong-wang-seong |
| | | |
| Via Láctea (f) | 은하수 | eun-ha-su |
| Ursa Maior (f) | 큰곰자리 | keun-gom-ja-ri |
| Estrela Polar (f) | 북극성 | buk-geuk-seong |
| | | |
| marciano (m) | 화성인 | hwa-seong-in |
| extraterrestre (m) | 외계인 | oe-gye-in |
| alienígena (m) | 외계인 | oe-gye-in |
| disco (m) voador | 비행 접시 | bi-haeng jeop-si |
| nave (f) espacial | 우주선 | u-ju-seon |

| | | |
|---|---|---|
| estação (f) orbital | 우주 정거장 | u-ju jeong-nyu-jang |
| motor (m) | 엔진 | en-jin |
| bocal (m) | 노즐 | no-jeul |
| combustível (m) | 연료 | yeol-lyo |
| | | |
| cabine (f) | 조종석 | jo-jong-seok |
| antena (f) | 안테나 | an-te-na |
| vigia (f) | 현창 | hyeon-chang |
| bateria (f) solar | 태양 전지 | tae-yang jeon-ji |
| traje (m) espacial | 우주복 | u-ju-bok |
| | | |
| imponderabilidade (f) | 무중력 | mu-jung-nyeok |
| oxigénio (m) | 산소 | san-so |
| | | |
| acoplagem (f) | 도킹 | do-king |
| fazer uma acoplagem | 도킹하다 | do-king-ha-da |
| | | |
| observatório (m) | 천문대 | cheon-mun-dae |
| telescópio (m) | 망원경 | mang-won-gyeong |
| observar (vt) | 관찰하다 | gwan-chal-ha-da |
| explorar (vt) | 탐험하다 | tam-heom-ha-da |

## 75. A Terra

| | | |
|---|---|---|
| Terra (f) | 지구 | ji-gu |
| globo terrestre (Terra) | 지구 | ji-gu |
| planeta (m) | 행성 | haeng-seong |
| | | |
| atmosfera (f) | 대기 | dae-gi |
| geografia (f) | 지리학 | ji-ri-hak |
| natureza (f) | 자연 | ja-yeon |
| | | |
| globo (mapa esférico) | 지구의 | ji-gu-ui |
| mapa (m) | 지도 | ji-do |
| atlas (m) | 지도첩 | ji-do-cheop |
| | | |
| Europa (f) | 유럽 | yu-reop |
| Ásia (f) | 아시아 | a-si-a |
| África (f) | 아프리카 | a-peu-ri-ka |
| Austrália (f) | 호주 | ho-ju |
| | | |
| América (f) | 아메리카 대륙 | a-me-ri-ka dae-ryuk |
| América (f) do Norte | 북아메리카 | bu-ga-me-ri-ka |
| América (f) do Sul | 남아메리카 | nam-a-me-ri-ka |
| | | |
| Antártida (f) | 남극 대륙 | nam-geuk dae-ryuk |
| Ártico (m) | 극지방 | geuk-ji-bang |

## 76. Pontos cardeais

| | | |
|---|---|---|
| norte (m) | 북쪽 | buk-jjok |
| para norte | 북쪽으로 | buk-jjo-geu-ro |

| | | |
|---|---|---|
| no norte | 북쪽에 | buk-jjo-ge |
| do norte | 북쪽의 | buk-jjo-gui |
| | | |
| sul (m) | 남쪽 | nam-jjok |
| para sul | 남쪽으로 | nam-jjo-geu-ro |
| no sul | 남쪽에 | nam-jjo-ge |
| do sul | 남쪽의 | nam-jjo-gui |
| | | |
| oeste, ocidente (m) | 서쪽 | seo-jjok |
| para oeste | 서쪽으로 | seo-jjo-geu-ro |
| no oeste | 서쪽에 | seo-jjo-ge |
| ocidental | 서쪽의 | seo-jjo-gui |
| | | |
| leste, oriente (m) | 동쪽 | dong-jjok |
| para leste | 동쪽으로 | dong-jjo-geu-ro |
| no leste | 동쪽에 | dong-jjo-ge |
| oriental | 동쪽의 | dong-jjo-gui |

## 77. Mar. Oceano

| | | |
|---|---|---|
| mar (m) | 바다 | ba-da |
| oceano (m) | 대양 | dae-yang |
| golfo (m) | 만 | man |
| estreito (m) | 해협 | hae-hyeop |
| | | |
| continente (m) | 대륙 | dae-ryuk |
| ilha (f) | 섬 | seom |
| península (f) | 반도 | ban-do |
| arquipélago (m) | 군도 | gun-do |
| | | |
| baía (f) | 만 | man |
| porto (m) | 항구 | hang-gu |
| lagoa (f) | 석호 | seok-o |
| cabo (m) | 곶 | got |
| | | |
| atol (m) | 환초 | hwan-cho |
| recife (m) | 암초 | am-cho |
| coral (m) | 산호 | san-ho |
| recife (m) de coral | 산호초 | san-ho-cho |
| | | |
| profundo | 깊은 | gi-peun |
| profundidade (f) | 깊이 | gi-pi |
| fossa (f) oceânica | 해구 | hae-gu |
| | | |
| corrente (f) | 해류 | hae-ryu |
| banhar (vt) | 둘러싸다 | dul-leo-ssa-da |
| | | |
| litoral (m) | 해변 | hae-byeon |
| costa (f) | 바닷가 | ba-dat-ga |
| | | |
| maré (f) alta | 밀물 | mil-mul |
| maré (f) baixa | 썰물 | sseol-mul |
| restinga (f) | 모래톱 | mo-rae-top |
| fundo (m) | 해저 | hae-jeo |

| | | |
|---|---|---|
| onda (f) | 파도 | pa-do |
| crista (f) da onda | 물마루 | mul-ma-ru |
| espuma (f) | 거품 | geo-pum |
| | | |
| furacão (m) | 허리케인 | heo-ri-ke-in |
| tsunami (m) | 해일 | hae-il |
| calmaria (f) | 고요함 | go-yo-ham |
| calmo | 고요한 | go-yo-han |
| | | |
| polo (m) | 극 | geuk |
| polar | 극지의 | geuk-ji-ui |
| | | |
| latitude (f) | 위도 | wi-do |
| longitude (f) | 경도 | gyeong-do |
| paralela (f) | 위도선 | wi-do-seon |
| equador (m) | 적도 | jeok-do |
| | | |
| céu (m) | 하늘 | ha-neul |
| horizonte (m) | 수평선 | su-pyeong-seon |
| ar (m) | 공기 | gong-gi |
| | | |
| farol (m) | 등대 | deung-dae |
| mergulhar (vi) | 뛰어들다 | ttwi-eo-deul-da |
| afundar-se (vr) | 가라앉다 | ga-ra-an-da |
| tesouros (m pl) | 보물 | bo-mul |

## 78. Nomes de Mares e Oceanos

| | | |
|---|---|---|
| Oceano (m) Atlântico | 대서양 | dae-seo-yang |
| Oceano (m) Índico | 인도양 | in-do-yang |
| Oceano (m) Pacífico | 태평양 | tae-pyeong-yang |
| Oceano (m) Ártico | 북극해 | buk-geuk-ae |
| | | |
| Mar (m) Negro | 흑해 | heuk-ae |
| Mar (m) Vermelho | 홍해 | hong-hae |
| Mar (m) Amarelo | 황해 | hwang-hae |
| Mar (m) Branco | 백해 | baek-ae |
| | | |
| Mar (m) Cáspio | 카스피 해 | ka-seu-pi hae |
| Mar (m) Morto | 사해 | sa-hae |
| Mar (m) Mediterrâneo | 지중해 | ji-jung-hae |
| | | |
| Mar (m) Egeu | 에게 해 | e-ge hae |
| Mar (m) Adriático | 아드리아 해 | a-deu-ri-a hae |
| | | |
| Mar (m) Arábico | 아라비아 해 | a-ra-bi-a hae |
| Mar (m) do Japão | 동해 | dong-hae |
| Mar (m) de Bering | 베링 해 | be-ring hae |
| Mar (m) da China Meridional | 남중국해 | nam-jung-guk-ae |
| | | |
| Mar (m) de Coral | 산호해 | san-ho-hae |
| Mar (m) de Tasman | 태즈먼 해 | tae-jeu-meon hae |
| Mar (m) do Caribe | 카리브 해 | ka-ri-beu hae |
| Mar (m) de Barents | 바렌츠 해 | ba-ren-cheu hae |

| | | |
|---|---|---|
| Mar (m) de Kara | 카라 해 | ka-ra hae |
| Mar (m) do Norte | 북해 | buk-ae |
| Mar (m) Báltico | 발트 해 | bal-teu hae |
| Mar (m) da Noruega | 노르웨이 해 | no-reu-we-i hae |

## 79. Montanhas

| | | |
|---|---|---|
| montanha (f) | 산 | san |
| cordilheira (f) | 산맥 | san-maek |
| serra (f) | 능선 | neung-seon |
| cume (m) | 정상 | jeong-sang |
| pico (m) | 봉우리 | bong-u-ri |
| sopé (m) | 기슭 | gi-seuk |
| declive (m) | 경사면 | gyeong-sa-myeon |
| vulcão (m) | 화산 | hwa-san |
| vulcão (m) ativo | 활화산 | hwal-hwa-san |
| vulcão (m) extinto | 사화산 | sa-hwa-san |
| erupção (f) | 폭발 | pok-bal |
| cratera (f) | 분화구 | bun-hwa-gu |
| magma (m) | 마그마 | ma-geu-ma |
| lava (f) | 용암 | yong-am |
| fundido (lava ~a) | 녹은 | no-geun |
| desfiladeiro (m) | 협곡 | hyeop-gok |
| garganta (f) | 협곡 | hyeop-gok |
| fenda (f) | 갈라진 | gal-la-jin |
| passo, colo (m) | 산길 | san-gil |
| planalto (m) | 고원 | go-won |
| falésia (f) | 절벽 | jeol-byeok |
| colina (f) | 언덕, 작은 산 | eon-deok, ja-geun san |
| glaciar (m) | 빙하 | bing-ha |
| queda (f) d'água | 폭포 | pok-po |
| géiser (m) | 간헐천 | gan-heol-cheon |
| lago (m) | 호수 | ho-su |
| planície (f) | 평원 | pyeong-won |
| paisagem (f) | 경관 | gyeong-gwan |
| eco (m) | 메아리 | me-a-ri |
| alpinista (m) | 등산가 | deung-san-ga |
| escalador (m) | 암벽 등반가 | am-byeok deung-ban-ga |
| conquistar (vt) | 정복하다 | jeong-bok-a-da |
| subida, escalada (f) | 등반 | deung-ban |

## 80. Nomes de montanhas

| | | |
|---|---|---|
| Alpes (m pl) | 알프스 산맥 | al-peu-seu san-maek |
| monte Branco (m) | 몽블랑 산 | mong-beul-lang san |

| Pirineus (m pl) | 피레네 산맥 | pi-re-ne san-maek |
| Cárpatos (m pl) | 카르파티아 산맥 | ka-reu-pa-ti-a san-maek |
| montes (m pl) Urais | 우랄 산맥 | u-ral san-maek |
| Cáucaso (m) | 코카서스 산맥 | ko-ka-seo-seu san-maek |
| Elbrus (m) | 엘브루스 산 | el-beu-ru-seu san |

| Altai (m) | 알타이 산맥 | al-ta-i san-maek |
| Tian Shan (m) | 톈샨 산맥 | ten-syan san-maek |
| Pamir (m) | 파미르 고원 | pa-mi-reu go-won |
| Himalaias (m pl) | 히말라야 산맥 | hi-mal-la-ya san-maek |
| monte (m) Everest | 에베레스트 산 | e-be-re-seu-teu san |

| Cordilheira (f) dos Andes | 안데스 산맥 | an-de-seu san-maek |
| Kilimanjaro (m) | 킬리만자로 산 | kil-li-man-ja-ro san |

## 81. Rios

| rio (m) | 강 | gang |
| fonte, nascente (f) | 샘 | saem |
| leito (m) do rio | 강바닥 | gang-ba-dak |
| bacia (f) | 유역 | yu-yeok |
| desaguar no ... | ··· 로 흘러가다 | ... ro heul-leo-ga-da |

| afluente (m) | 지류 | ji-ryu |
| margem (do rio) | 둑 | duk |

| corrente (f) | 흐름 | heu-reum |
| rio abaixo | 하류로 | gang ha-ryu-ro |
| rio acima | 상류로 | sang-nyu-ro |

| inundação (f) | 홍수 | hong-su |
| cheia (f) | 홍수 | hong-su |
| transbordar (vi) | 범람하다 | beom-nam-ha-da |
| inundar (vt) | 범람하다 | beom-nam-ha-da |

| baixio (m) | 얕은 곳 | ya-teun got |
| rápidos (m pl) | 여울 | yeo-ul |

| barragem (f) | 댐 | daem |
| canal (m) | 운하 | un-ha |
| reservatório (m) de água | 저수지 | jeo-su-ji |
| eclusa (f) | 수문 | su-mun |

| corpo (m) de água | 저장 수량 | jeo-jang su-ryang |
| pântano (m) | 늪, 소택지 | neup, so-taek-ji |
| tremedal (m) | 수렁 | su-reong |
| remoinho (m) | 소용돌이 | so-yong-do-ri |

| arroio, regato (m) | 개울, 시내 | gae-ul, si-nae |
| potável | 마실 수 있는 | ma-sil su in-neun |
| doce (água) | 민물의 | min-mu-rui |

| gelo (m) | 얼음 | eo-reum |
| congelar-se (vr) | 얼다 | eol-da |

## 82. Nomes de rios

| | | |
|---|---|---|
| rio Sena (m) | 센 강 | sen gang |
| rio Loire (m) | 루아르 강 | ru-a-reu gang |
| rio Tamisa (m) | 템스 강 | tem-seu gang |
| rio Reno (m) | 라인 강 | ra-in gang |
| rio Danúbio (m) | 도나우 강 | do-na-u gang |
| rio Volga (m) | 볼가 강 | bol-ga gang |
| rio Don (m) | 돈 강 | don gang |
| rio Lena (m) | 레나 강 | re-na gang |
| rio Amarelo (m) | 황허강 | hwang-heo-gang |
| rio Yangtzé (m) | 양자강 | yang-ja-gang |
| rio Mekong (m) | 메콩 강 | me-kong gang |
| rio Ganges (m) | 갠지스 강 | gaen-ji-seu gang |
| rio Nilo (m) | 나일 강 | na-il gang |
| rio Congo (m) | 콩고 강 | kong-go gang |
| rio Cubango (m) | 오카방고 강 | o-ka-bang-go gang |
| rio Zambeze (m) | 잠베지 강 | jam-be-ji gang |
| rio Limpopo (m) | 림포포 강 | rim-po-po gang |

## 83. Floresta

| | | |
|---|---|---|
| floresta (f), bosque (m) | 숲 | sup |
| florestal | 산림의 | sal-li-mui |
| mata (f) cerrada | 밀림 | mil-lim |
| arvoredo (m) | 작은 숲 | ja-geun sup |
| clareira (f) | 빈터 | bin-teo |
| matagal (f) | 덤불 | deom-bul |
| mato (m) | 관목지 | gwan-mok-ji |
| vereda (f) | 오솔길 | o-sol-gil |
| ravina (f) | 도랑 | do-rang |
| árvore (f) | 나무 | na-mu |
| folha (f) | 잎 | ip |
| folhagem (f) | 나뭇잎 | na-mun-nip |
| queda (f) das folha | 낙엽 | na-gyeop |
| cair (vi) | 떨어지다 | tteo-reo-ji-da |
| ramo (m) | 가지 | ga-ji |
| galho (m) | 큰 가지 | keun ga-ji |
| botão, rebento (m) | 잎눈 | im-nun |
| agulha (f) | 바늘 | ba-neul |
| pinha (f) | 솔방울 | sol-bang-ul |
| buraco (m) de árvore | 구멍 | gu-meong |
| ninho (m) | 둥지 | dung-ji |

| | | |
|---|---|---|
| toca (f) | 굴 | gul |
| tronco (m) | 몸통 | mom-tong |
| raiz (f) | 뿌리 | ppu-ri |
| casca (f) de árvore | 껍질 | kkeop-jil |
| musgo (m) | 이끼 | i-kki |
| | | |
| arrancar pela raiz | 수목을 통째 뽑다 | su-mo-geul tong-jjae ppop-da |
| cortar (vt) | 자르다 | ja-reu-da |
| desflorestar (vt) | 삼림을 없애다 | sam-ni-meul reop-sae-da |
| toco, cepo (m) | 그루터기 | geu-ru-teo-gi |
| | | |
| fogueira (f) | 모닥불 | mo-dak-bul |
| incêndio (m) florestal | 산불 | san-bul |
| apagar (vt) | 끄다 | kkeu-da |
| | | |
| guarda-florestal (m) | 산림경비원 | sal-lim-gyeong-bi-won |
| proteção (f) | 보호 | bo-ho |
| proteger (a natureza) | 보호하다 | bo-ho-ha-da |
| caçador (m) furtivo | 밀렵자 | mil-lyeop-ja |
| armadilha (f) | 덫 | deot |
| | | |
| colher (cogumelos, bagas) | 따다 | tta-da |
| perder-se (vr) | 길을 잃다 | gi-reul ril-ta |

## 84. Recursos naturais

| | | |
|---|---|---|
| recursos (m pl) naturais | 천연 자원 | cheo-nyeon ja-won |
| depósitos (m pl) | 매장량 | mae-jang-nyang |
| jazida (f) | 지역 | ji-yeok |
| | | |
| extrair (vt) | 채광하다 | chae-gwang-ha-da |
| extração (f) | 막장일 | mak-jang-il |
| minério (m) | 광석 | gwang-seok |
| mina (f) | 광산 | gwang-san |
| poço (m) de mina | 갱도 | gaeng-do |
| mineiro (m) | 광부 | gwang-bu |
| | | |
| gás (m) | 가스 | ga-seu |
| gasoduto (m) | 가스관 | ga-seu-gwan |
| | | |
| petróleo (m) | 석유 | seo-gyu |
| oleoduto (m) | 석유 파이프라인 | seo-gyu pa-i-peu-ra-in |
| poço (m) de petróleo | 유정 | yu-jeong |
| torre (f) petrolífera | 유정탑 | yu-jeong-tap |
| petroleiro (m) | 유조선 | yu-jo-seon |
| | | |
| areia (f) | 모래 | mo-rae |
| calcário (m) | 석회석 | seok-oe-seok |
| cascalho (m) | 자갈 | ja-gal |
| turfa (f) | 토탄 | to-tan |
| argila (f) | 점토 | jeom-to |
| carvão (m) | 석탄 | seok-tan |
| ferro (m) | 철 | cheol |
| ouro (m) | 금 | geum |

| | | |
|---|---|---|
| prata (f) | 은 | eun |
| níquel (m) | 니켈 | ni-kel |
| cobre (m) | 구리 | gu-ri |
| | | |
| zinco (m) | 아연 | a-yeon |
| manganês (m) | 망간 | mang-gan |
| mercúrio (m) | 수은 | su-eun |
| chumbo (m) | 납 | nap |
| | | |
| mineral (m) | 광물 | gwang-mul |
| cristal (m) | 수정 | su-jeong |
| mármore (m) | 대리석 | dae-ri-seok |
| urânio (m) | 우라늄 | u-ra-nyum |

## 85. Tempo

| | | |
|---|---|---|
| tempo (m) | 날씨 | nal-ssi |
| previsão (f) do tempo | 일기 예보 | il-gi ye-bo |
| temperatura (f) | 온도 | on-do |
| termómetro (m) | 온도계 | on-do-gye |
| barómetro (m) | 기압계 | gi-ap-gye |
| | | |
| humidade (f) | 습함, 습기 | seu-pam, seup-gi |
| calor (m) | 더위 | deo-wi |
| cálido | 더운 | deo-un |
| está muito calor | 덥다 | deop-da |
| | | |
| está calor | 따뜻하다 | tta-tteu-ta-da |
| quente | 따뜻한 | tta-tteu-tan |
| | | |
| está frio | 춥다 | chup-da |
| frio | 추운 | chu-un |
| | | |
| sol (m) | 해 | hae |
| brilhar (vi) | 빛나다 | bin-na-da |
| de sol, ensolarado | 화창한 | hwa-chang-han |
| nascer (vi) | 뜨다 | tteu-da |
| pôr-se (vr) | 지다 | ji-da |
| | | |
| nuvem (f) | 구름 | gu-reum |
| nublado | 구름의 | gu-reum-ui |
| escuro, cinzento | 흐린 | heu-rin |
| | | |
| chuva (f) | 비 | bi |
| está a chover | 비가 오다 | bi-ga o-da |
| chuvoso | 비가 오는 | bi-ga o-neun |
| chuviscar (vi) | 이슬비가 내리다 | i-seul-bi-ga nae-ri-da |
| | | |
| chuva (f) torrencial | 억수 | eok-su |
| chuvada (f) | 호우 | ho-u |
| forte (chuva) | 심한 | sim-han |
| poça (f) | 웅덩이 | ung-deong-i |
| molhar-se (vr) | 젖다 | jeot-da |
| nevoeiro (m) | 안개 | an-gae |

| de nevoeiro | 안개가 자욱한 | an-gae-ga ja-uk-an |
| neve (f) | 눈 | nun |
| está a nevar | 눈이 오다 | nun-i o-da |

## 86. Tempo extremo. Catástrofes naturais

| trovoada (f) | 뇌우 | noe-u |
| relâmpago (m) | 번개 | beon-gae |
| relampejar (vi) | 번쩍이다 | beon-jjeo-gi-da |

| trovão (m) | 천둥 | cheon-dung |
| trovejar (vi) | 천둥이 치다 | cheon-dung-i chi-da |
| está a trovejar | 천둥이 치다 | cheon-dung-i chi-da |

| granizo (m) | 싸락눈 | ssa-rang-nun |
| está a cair granizo | 싸락눈이 내리다 | ssa-rang-nun-i nae-ri-da |

| inundar (vt) | 범람하다 | beom-nam-ha-da |
| inundação (f) | 홍수 | hong-su |

| terremoto (m) | 지진 | ji-jin |
| abalo, tremor (m) | 진동 | jin-dong |
| epicentro (m) | 진앙 | jin-ang |

| erupção (f) | 폭발 | pok-bal |
| lava (f) | 용암 | yong-am |

| turbilhão (m) | 회오리바람 | hoe-o-ri-ba-ram |
| tornado (m) | 토네이도 | to-ne-i-do |
| tufão (m) | 태풍 | tae-pung |

| furacão (m) | 허리케인 | heo-ri-ke-in |
| tempestade (f) | 폭풍우 | pok-pung-u |
| tsunami (m) | 해일 | hae-il |

| incêndio (m) | 불 | bul |
| catástrofe (f) | 재해 | jae-hae |
| meteorito (m) | 운석 | un-seok |

| avalanche (f) | 눈사태 | nun-sa-tae |
| deslizamento (f) de neve | 눈사태 | nun-sa-tae |
| nevasca (f) | 눈보라 | nun-bo-ra |
| tempestade (f) de neve | 눈보라 | nun-bo-ra |

# FAUNA

## 87. Mamíferos. Predadores

| | | |
|---|---|---|
| predador (m) | 육식 동물 | yuk-sik dong-mul |
| tigre (m) | 호랑이 | ho-rang-i |
| leão (m) | 사자 | sa-ja |
| lobo (m) | 이리 | i-ri |
| raposa (f) | 여우 | yeo-u |
| | | |
| jaguar (m) | 재규어 | jae-gyu-eo |
| leopardo (m) | 표범 | pyo-beom |
| chita (f) | 치타 | chi-ta |
| | | |
| puma (m) | 퓨마 | pyu-ma |
| leopardo-das-neves (m) | 눈표범 | nun-pyo-beom |
| lince (m) | 스라소니 | seu-ra-so-ni |
| | | |
| coiote (m) | 코요테 | ko-yo-te |
| chacal (m) | 재칼 | jae-kal |
| hiena (f) | 하이에나 | ha-i-e-na |

## 88. Animais selvagens

| | | |
|---|---|---|
| animal (m) | 동물 | dong-mul |
| besta (f) | 짐승 | jim-seung |
| | | |
| esquilo (m) | 다람쥐 | da-ram-jwi |
| ouriço (m) | 고슴도치 | go-seum-do-chi |
| lebre (f) | 토끼 | to-kki |
| coelho (m) | 굴토끼 | gul-to-kki |
| | | |
| texugo (m) | 오소리 | o-so-ri |
| guaxinim (m) | 너구리 | neo-gu-ri |
| hamster (m) | 햄스터 | haem-seu-teo |
| marmota (f) | 마멋 | ma-meot |
| | | |
| toupeira (f) | 두더지 | du-deo-ji |
| rato (m) | 생쥐 | saeng-jwi |
| ratazana (f) | 시궁쥐 | si-gung-jwi |
| morcego (m) | 박쥐 | bak-jwi |
| | | |
| arminho (m) | 북방족제비 | buk-bang-jok-je-bi |
| zibelina (f) | 검은담비 | geo-meun-dam-bi |
| marta (f) | 담비 | dam-bi |
| vison (m) | 밍크 | ming-keu |
| castor (m) | 비버 | bi-beo |
| lontra (f) | 수달 | su-dal |

| | | |
|---|---|---|
| cavalo (m) | 말 | mal |
| alce (m) americano | 엘크, 무스 | el-keu, mu-seu |
| veado (m) | 사슴 | sa-seum |
| camelo (m) | 낙타 | nak-ta |
| | | |
| bisão (m) | 미국들소 | mi-guk-deul-so |
| auroque (m) | 유럽들소 | yu-reop-deul-so |
| búfalo (m) | 물소 | mul-so |
| | | |
| zebra (f) | 얼룩말 | eol-lung-mal |
| antílope (m) | 영양 | yeong-yang |
| corça (f) | 노루 | no-ru |
| gamo (m) | 다마사슴 | da-ma-sa-seum |
| camurça (f) | 샤모아 | sya-mo-a |
| javali (m) | 멧돼지 | met-dwae-ji |
| | | |
| baleia (f) | 고래 | go-rae |
| foca (f) | 바다표범 | ba-da-pyo-beom |
| morsa (f) | 바다코끼리 | ba-da-ko-kki-ri |
| urso-marinho (m) | 물개 | mul-gae |
| golfinho (m) | 돌고래 | dol-go-rae |
| | | |
| urso (m) | 곰 | gom |
| urso (m) branco | 북극곰 | buk-geuk-gom |
| panda (m) | 판다 | pan-da |
| | | |
| macaco (em geral) | 원숭이 | won-sung-i |
| chimpanzé (m) | 침팬지 | chim-paen-ji |
| orangotango (m) | 오랑우탄 | o-rang-u-tan |
| gorila (m) | 고릴라 | go-ril-la |
| macaco (m) | 마카크 | ma-ka-keu |
| gibão (m) | 긴팔원숭이 | gin-pa-rwon-sung-i |
| | | |
| elefante (m) | 코끼리 | ko-kki-ri |
| rinoceronte (m) | 코뿔소 | ko-ppul-so |
| girafa (f) | 기린 | gi-rin |
| hipopótamo (m) | 하마 | ha-ma |
| | | |
| canguru (m) | 캥거루 | kaeng-geo-ru |
| coala (m) | 코알라 | ko-al-la |
| | | |
| mangusto (m) | 몽구스 | mong-gu-seu |
| chinchila (f) | 친칠라 | chin-chil-la |
| doninha-fedorenta (f) | 스컹크 | seu-keong-keu |
| porco-espinho (m) | 호저 | ho-jeo |

## 89. Animais domésticos

| | | |
|---|---|---|
| gata (f) | 고양이 | go-yang-i |
| gato (m) macho | 수고양이 | su-go-yang-i |
| | | |
| cavalo (m) | 말 | mal |
| garanhão (m) | 수말, 종마 | su-mal, jong-ma |
| égua (f) | 암말 | am-mal |

| | | |
|---|---|---|
| vaca (f) | 암소 | am-so |
| touro (m) | 황소 | hwang-so |
| boi (m) | 수소 | su-so |
| | | |
| ovelha (f) | 양, 암양 | yang, a-myang |
| carneiro (m) | 수양 | su-yang |
| cabra (f) | 염소 | yeom-so |
| bode (m) | 숫염소 | sun-nyeom-so |
| | | |
| burro (m) | 당나귀 | dang-na-gwi |
| mula (f) | 노새 | no-sae |
| | | |
| porco (m) | 돼지 | dwae-ji |
| porquinho (m) | 돼지 새끼 | dwae-ji sae-kki |
| coelho (m) | 집토끼 | jip-to-kki |
| | | |
| galinha (f) | 암탉 | am-tak |
| galo (m) | 수탉 | su-tak |
| | | |
| pato (m), pata (f) | 집오리 | ji-bo-ri |
| pato (macho) | 수오리 | su-o-ri |
| ganso (m) | 집거위 | jip-geo-wi |
| | | |
| peru (m) | 수칠면조 | su-chil-myeon-jo |
| perua (f) | 칠면조 | chil-myeon-jo |
| | | |
| animais (m pl) domésticos | 가축 | ga-chuk |
| domesticado | 길들여진 | gil-deu-ryeo-jin |
| domesticar (vt) | 길들이다 | gil-deu-ri-da |
| criar (vt) | 사육하다, 기르다 | sa-yuk-a-da, gi-reu-da |
| | | |
| quinta (f) | 농장 | nong-jang |
| aves (f pl) domésticas | 가금 | ga-geum |
| gado (m) | 가축 | ga-chuk |
| rebanho (m), manada (f) | 떼 | tte |
| | | |
| estábulo (m) | 마구간 | ma-gu-gan |
| pocilga (f) | 돼지 우리 | dwae-ji u-ri |
| estábulo (m) | 외양간 | oe-yang-gan |
| coelheira (f) | 토끼장 | to-kki-jang |
| galinheiro (m) | 닭장 | dak-jang |

## 90. Pássaros

| | | |
|---|---|---|
| pássaro, ave (m) | 새 | sae |
| pombo (m) | 비둘기 | bi-dul-gi |
| pardal (m) | 참새 | cham-sae |
| chapim-real (m) | 박새 | bak-sae |
| pega-rabuda (f) | 까치 | kka-chi |
| | | |
| corvo (m) | 갈가마귀 | gal-ga-ma-gwi |
| gralha (f) cinzenta | 까마귀 | kka-ma-gwi |
| gralha-de-nuca-cinzenta (f) | 갈가마귀 | gal-ga-ma-gwi |
| gralha-calva (f) | 떼까마귀 | ttae-kka-ma-gwi |

| pato (m) | 오리 | o-ri |
| ganso (m) | 거위 | geo-wi |
| faisão (m) | 꿩 | kkwong |

| águia (f) | 독수리 | dok-su-ri |
| açor (m) | 매 | mae |
| falcão (m) | 매 | mae |
| abutre (m) | 독수리, 콘도르 | dok-su-ri, kon-do-reu |
| condor (m) | 콘도르 | kon-do-reu |

| cisne (m) | 백조 | baek-jo |
| grou (m) | 두루미 | du-ru-mi |
| cegonha (f) | 황새 | hwang-sae |
| papagaio (m) | 앵무새 | aeng-mu-sae |
| beija-flor (m) | 벌새 | beol-sae |
| pavão (m) | 공작 | gong-jak |

| avestruz (f) | 타조 | ta-jo |
| garça (f) | 왜가리 | wae-ga-ri |
| flamingo (m) | 플라밍고 | peul-la-ming-go |
| pelicano (m) | 펠리컨 | pel-li-keon |

| rouxinol (m) | 나이팅게일 | na-i-ting-ge-il |
| andorinha (f) | 제비 | je-bi |
| tordo-zornal (m) | 지빠귀 | ji-ppa-gwi |
| tordo-músico (m) | 노래지빠귀 | no-rae-ji-ppa-gwi |
| melro-preto (m) | 대륙검은지빠귀 | dae-ryuk-geo-meun-ji-ppa-gwi |

| andorinhão (m) | 칼새 | kal-sae |
| cotovia (f) | 종다리 | jong-da-ri |
| codorna (f) | 메추라기 | me-chu-ra-gi |

| pica-pau (m) | 딱따구리 | ttak-tta-gu-ri |
| cuco (m) | 뻐꾸기 | ppeo-kku-gi |
| coruja (f) | 올빼미 | ol-ppae-mi |
| corujão, bufo (m) | 수리부엉이 | su-ri-bu-eong-i |
| tetraz-grande (m) | 큰뇌조 | keun-noe-jo |
| tetraz-lira (m) | 멧닭 | met-dak |
| perdiz-cinzenta (f) | 자고 | ja-go |

| estorninho (m) | 찌르레기 | jji-reu-re-gi |
| canário (m) | 카나리아 | ka-na-ri-a |
| tentilhão (m) | 되새 | doe-sae |
| dom-fafe (m) | 피리새 | pi-ri-sae |

| gaivota (f) | 갈매기 | gal-mae-gi |
| albatroz (m) | 신천옹 | sin-cheon-ong |
| pinguim (m) | 펭귄 | peng-gwin |

## 91. Peixes. Animais marinhos

| brema (f) | 도미류 | do-mi-ryu |
| carpa (f) | 잉어 | ing-eo |

| | | |
|---|---|---|
| perca (f) | 농어의 일종 | nong-eo-ui il-jong |
| siluro (m) | 메기 | me-gi |
| lúcio (m) | 북부민물꼬치고기 | buk-bu-min-mul-kko-chi-go-gi |
| | | |
| salmão (m) | 연어 | yeon-eo |
| esturjão (m) | 철갑상어 | cheol-gap-sang-eo |
| | | |
| arenque (m) | 청어 | cheong-eo |
| salmão (m) | 대서양 연어 | dae-seo-yang yeon-eo |
| cavala, sarda (f) | 고등어 | go-deung-eo |
| solha (f) | 넙치 | neop-chi |
| | | |
| bacalhau (m) | 대구 | dae-gu |
| atum (m) | 참치 | cham-chi |
| truta (f) | 송어 | song-eo |
| | | |
| enguia (f) | 뱀장어 | baem-jang-eo |
| raia elétrica (f) | 시끈가오리 | si-kkeun-ga-o-ri |
| moreia (f) | 곰치 | gom-chi |
| piranha (f) | 피라니아 | pi-ra-ni-a |
| | | |
| tubarão (m) | 상어 | sang-eo |
| golfinho (m) | 돌고래 | dol-go-rae |
| baleia (f) | 고래 | go-rae |
| | | |
| caranguejo (m) | 게 | ge |
| medusa, alforreca (f) | 해파리 | hae-pa-ri |
| polvo (m) | 낙지 | nak-ji |
| | | |
| estrela-do-mar (f) | 불가사리 | bul-ga-sa-ri |
| ouriço-do-mar (m) | 성게 | seong-ge |
| cavalo-marinho (m) | 해마 | hae-ma |
| | | |
| ostra (f) | 굴 | gul |
| camarão (m) | 새우 | sae-u |
| lavagante (m) | 바닷가재 | ba-dat-ga-jae |
| lagosta (f) | 대하 | dae-ha |

## 92. Amfíbios. Répteis

| | | |
|---|---|---|
| serpente, cobra (f) | 뱀 | baem |
| venenoso | 독이 있는 | do-gi in-neun |
| | | |
| víbora (f) | 살무사 | sal-mu-sa |
| cobra-capelo, naja (f) | 코브라 | ko-beu-ra |
| pitão (m) | 비단뱀 | bi-dan-baem |
| jiboia (f) | 보아 | bo-a |
| | | |
| cobra-de-água (f) | 풀뱀 | pul-baem |
| cascavel (f) | 방울뱀 | bang-ul-baem |
| anaconda (f) | 아나콘다 | a-na-kon-da |
| | | |
| lagarto (m) | 도마뱀 | do-ma-baem |
| iguana (f) | 이구아나 | i-gu-a-na |

| salamandra (f) | 도롱뇽 | do-rong-nyong |
| camaleão (m) | 카멜레온 | ka-mel-le-on |
| escorpião (m) | 전갈 | jeon-gal |

| tartaruga (f) | 거북 | geo-buk |
| rã (f) | 개구리 | gae-gu-ri |
| sapo (m) | 두꺼비 | du-kkeo-bi |
| crocodilo (m) | 악어 | a-geo |

## 93. Insetos

| inseto (m) | 곤충 | gon-chung |
| borboleta (f) | 나비 | na-bi |
| formiga (f) | 개미 | gae-mi |
| mosca (f) | 파리 | pa-ri |
| mosquito (m) | 모기 | mo-gi |
| escaravelho (m) | 딱정벌레 | ttak-jeong-beol-le |

| vespa (f) | 말벌 | mal-beol |
| abelha (f) | 꿀벌 | kkul-beol |
| zangão (m) | 호박벌 | ho-bak-beol |
| moscardo (m) | 쇠파리 | soe-pa-ri |

| aranha (f) | 거미 | geo-mi |
| teia (f) de aranha | 거미줄 | geo-mi-jul |

| libélula (f) | 잠자리 | jam-ja-ri |
| gafanhoto-do-campo (m) | 메뚜기 | me-ttu-gi |
| traça (f) | 나방 | na-bang |

| barata (f) | 바퀴벌레 | ba-kwi-beol-le |
| carraça (f) | 진드기 | jin-deu-gi |
| pulga (f) | 벼룩 | byeo-ruk |
| borrachudo (m) | 깔따구 | kkal-tta-gu |

| gafanhoto (m) | 메뚜기 | me-ttu-gi |
| caracol (m) | 달팽이 | dal-paeng-i |
| grilo (m) | 귀뚜라미 | gwi-ttu-ra-mi |
| pirilampo (m) | 개똥벌레 | gae-ttong-beol-le |
| joaninha (f) | 무당벌레 | mu-dang-beol-le |
| besouro (m) | 왕풍뎅이 | wang-pung-deng-i |

| sanguessuga (f) | 거머리 | geo-meo-ri |
| lagarta (f) | 애벌레 | ae-beol-le |
| minhoca (f) | 지렁이 | ji-reong-i |
| larva (f) | 애벌레 | ae-beol-le |

# FLORA

## 94. Árvores

| | | |
|---|---|---|
| árvore (f) | 나무 | na-mu |
| decídua | 낙엽수의 | na-gyeop-su-ui |
| conífera | 침엽수의 | chi-myeop-su-ui |
| perene | 상록의 | sang-no-gui |
| | | |
| macieira (f) | 사과나무 | sa-gwa-na-mu |
| pereira (f) | 배나무 | bae-na-mu |
| cerejeira, ginjeira (f) | 벚나무 | beon-na-mu |
| ameixeira (f) | 자두나무 | ja-du-na-mu |
| | | |
| bétula (f) | 자작나무 | ja-jang-na-mu |
| carvalho (m) | 오크 | o-keu |
| tília (f) | 보리수 | bo-ri-su |
| choupo-tremedor (m) | 사시나무 | sa-si-na-mu |
| bordo (m) | 단풍나무 | dan-pung-na-mu |
| | | |
| espruce-europeu (m) | 가문비나무 | ga-mun-bi-na-mu |
| pinheiro (m) | 소나무 | so-na-mu |
| alerce, lariço (m) | 낙엽송 | na-gyeop-song |
| abeto (m) | 전나무 | jeon-na-mu |
| cedro (m) | 시다 | si-da |
| choupo, álamo (m) | 포플러 | po-peul-leo |
| tramazeira (f) | 마가목 | ma-ga-mok |
| salgueiro (m) | 버드나무 | beo-deu-na-mu |
| amieiro (m) | 오리나무 | o-ri-na-mu |
| | | |
| faia (f) | 너도밤나무 | neo-do-bam-na-mu |
| ulmeiro (m) | 느릅나무 | neu-reum-na-mu |
| freixo (m) | 물푸레나무 | mul-pu-re-na-mu |
| castanheiro (m) | 밤나무 | bam-na-mu |
| | | |
| magnólia (f) | 목련 | mong-nyeon |
| palmeira (f) | 야자나무 | ya-ja-na-mu |
| cipreste (m) | 사이프러스 | sa-i-peu-reo-seu |
| | | |
| mangue (m) | 맹그로브 | maeng-geu-ro-beu |
| embondeiro, baobá (m) | 바오밥나무 | ba-o-bam-na-mu |
| eucalipto (m) | 유칼립투스 | yu-kal-lip-tu-seu |
| sequoia (f) | 세쿼이아 | se-kwo-i-a |

## 95. Arbustos

| | | |
|---|---|---|
| arbusto (m) | 덤불 | deom-bul |
| arbusto (m), moita (f) | 관목 | gwan-mok |

| videira (f) | 포도 덩굴 | po-do deong-gul |
| vinhedo (m) | 포도밭 | po-do-bat |

| framboeseira (f) | 라즈베리 | ra-jeu-be-ri |
| groselheira-vermelha (f) | 레드커런트 나무 | re-deu-keo-reon-teu na-mu |
| groselheira (f) espinhosa | 구스베리 나무 | gu-seu-be-ri na-mu |

| acácia (f) | 아카시아 | a-ka-si-a |
| bérberis (f) | 매자나무 | mae-ja-na-mu |
| jasmim (m) | 재스민 | jae-seu-min |

| junípero (m) | 두송 | du-song |
| roseira (f) | 장미 덤불 | jang-mi deom-bul |
| roseira (f) brava | 찔레나무 | jjil-le-na-mu |

## 96. Frutos. Bagas

| maçã (f) | 사과 | sa-gwa |
| pera (f) | 배 | bae |
| ameixa (f) | 자두 | ja-du |
| morango (m) | 딸기 | ttal-gi |
| ginja (f) | 신양 | si-nyang |
| cereja (f) | 양벚나무 | yang-beon-na-mu |
| uva (f) | 포도 | po-do |

| framboesa (f) | 라즈베리 | ra-jeu-be-ri |
| groselha (f) preta | 블랙커런트 | beul-laek-keo-ren-teu |
| groselha (f) vermelha | 레드커런트 | re-deu-keo-ren-teu |
| groselha (f) espinhosa | 구스베리 | gu-seu-be-ri |
| oxicoco (m) | 크랜베리 | keu-raen-be-ri |
| laranja (f) | 오렌지 | o-ren-ji |
| tangerina (f) | 귤 | gyul |
| ananás (m) | 파인애플 | pa-in-ae-peul |
| banana (f) | 바나나 | ba-na-na |
| tâmara (f) | 대추야자 | dae-chu-ya-ja |

| limão (m) | 레몬 | re-mon |
| damasco (m) | 살구 | sal-gu |
| pêssego (m) | 복숭아 | bok-sung-a |
| kiwi (m) | 키위 | ki-wi |
| toranja (f) | 자몽 | ja-mong |

| baga (f) | 장과 | jang-gwa |
| bagas (f pl) | 장과류 | jang-gwa-ryu |
| arando (m) vermelho | 월귤나무 | wol-gyul-la-mu |
| morango-silvestre (m) | 야생딸기 | ya-saeng-ttal-gi |
| mirtilo (m) | 빌베리 | bil-be-ri |

## 97. Flores. Plantas

| flor (f) | 꽃 | kkot |
| ramo (m) de flores | 꽃다발 | kkot-da-bal |

| | | |
|---|---|---|
| rosa (f) | 장미 | jang-mi |
| tulipa (f) | 튤립 | tyul-lip |
| cravo (m) | 카네이션 | ka-ne-i-syeon |
| gladíolo (m) | 글라디올러스 | geul-la-di-ol-leo-seu |
| | | |
| centáurea (f) | 수레국화 | su-re-guk-wa |
| campânula (f) | 실잔대 | sil-jan-dae |
| dente-de-leão (m) | 민들레 | min-deul-le |
| camomila (f) | 캐모마일 | kae-mo-ma-il |
| | | |
| aloé (m) | 알로에 | al-lo-e |
| cato (m) | 선인장 | seon-in-jang |
| fícus (m) | 고무나무 | go-mu-na-mu |
| | | |
| lírio (m) | 백합 | baek-ap |
| gerânio (m) | 제라늄 | je-ra-nyum |
| jacinto (m) | 히아신스 | hi-a-sin-seu |
| | | |
| mimosa (f) | 미모사 | mi-mo-sa |
| narciso (m) | 수선화 | su-seon-hwa |
| capuchinha (f) | 한련 | hal-lyeon |
| | | |
| orquídea (f) | 난초 | nan-cho |
| peónia (f) | 모란 | mo-ran |
| violeta (f) | 바이올렛 | ba-i-ol-let |
| | | |
| amor-perfeito (m) | 팬지 | paen-ji |
| não-me-esqueças (m) | 물망초 | mul-mang-cho |
| margarida (f) | 데이지 | de-i-ji |
| | | |
| papoula (f) | 양귀비 | yang-gwi-bi |
| cânhamo (m) | 삼 | sam |
| hortelã (f) | 박하 | bak-a |
| | | |
| lírio-do-vale (m) | 은방울꽃 | eun-bang-ul-kkot |
| campânula-branca (f) | 스노드롭 | seu-no-deu-rop |
| | | |
| urtiga (f) | 쐐기풀 | sswae-gi-pul |
| azeda (f) | 수영 | su-yeong |
| nenúfar (m) | 수련 | su-ryeon |
| feto (m), samambaia (f) | 고사리 | go-sa-ri |
| líquen (m) | 이끼 | i-kki |
| | | |
| estufa (f) | 온실 | on-sil |
| relvado (m) | 잔디 | jan-di |
| canteiro (m) de flores | 꽃밭 | kkot-bat |
| | | |
| planta (f) | 식물 | sing-mul |
| erva (f) | 풀 | pul |
| folha (f) de erva | 풀잎 | pu-rip |
| | | |
| folha (f) | 잎 | ip |
| pétala (f) | 꽃잎 | kko-chip |
| talo (m) | 줄기 | jul-gi |
| tubérculo (m) | 구근 | gu-geun |
| broto, rebento (m) | 새싹 | sae-ssak |

| espinho (m) | 가시 | ga-si |
| florescer (vi) | 피우다 | pi-u-da |
| murchar (vi) | 시들다 | si-deul-da |
| cheiro (m) | 향기 | hyang-gi |
| cortar (flores) | 자르다 | ja-reu-da |
| colher (uma flor) | 따다 | tta-da |

## 98. Cereais, grãos

| grão (m) | 곡물 | gong-mul |
| cereais (plantas) | 곡류 | gong-nyu |
| espiga (f) | 이삭 | i-sak |

| trigo (m) | 밀 | mil |
| centeio (m) | 호밀 | ho-mil |
| aveia (f) | 귀리 | gwi-ri |
| milho-miúdo (m) | 수수, 기장 | su-su, gi-jang |
| cevada (f) | 보리 | bo-ri |

| milho (m) | 옥수수 | ok-su-su |
| arroz (m) | 쌀 | ssal |
| trigo-sarraceno (m) | 메밀 | me-mil |

| ervilha (f) | 완두 | wan-du |
| feijão (m) | 강낭콩 | gang-nang-kong |
| soja (f) | 콩 | kong |
| lentilha (f) | 렌즈콩 | ren-jeu-kong |
| fava (f) | 콩 | kong |

# PAÍSES DO MUNDO

## 99. Países. Parte 1

| | | |
|---|---|---|
| Afeganistão (m) | 아프가니스탄 | a-peu-ga-ni-seu-tan |
| África do Sul (f) | 남아프리카 공화국 | nam-a-peu-ri-ka gong-hwa-guk |
| Albânia (f) | 알바니아 | al-ba-ni-a |
| Alemanha (f) | 독일 | do-gil |
| Arábia (f) Saudita | 사우디아라비아 | sa-u-di-a-ra-bi-a |
| Argentina (f) | 아르헨티나 | a-reu-hen-ti-na |
| Arménia (f) | 아르메니아 | a-reu-me-ni-a |
| Austrália (f) | 호주 | ho-ju |
| Áustria (f) | 오스트리아 | o-seu-teu-ri-a |
| Azerbaijão (m) | 아제르바이잔 | a-je-reu-ba-i-jan |
| Bahamas (f pl) | 바하마 | ba-ha-ma |
| Bangladesh (m) | 방글라데시 | bang-geul-la-de-si |
| Bélgica (f) | 벨기에 | bel-gi-e |
| Bielorrússia (f) | 벨로루시 | bel-lo-ru-si |
| Bolívia (f) | 볼리비아 | bol-li-bi-a |
| Bósnia e Herzegovina (f) | 보스니아 헤르체코비나 | bo-seu-ni-a he-reu-che-ko-bi-na |
| Brasil (m) | 브라질 | beu-ra-jil |
| Bulgária (f) | 불가리아 | bul-ga-ri-a |
| Camboja (f) | 캄보디아 | kam-bo-di-a |
| Canadá (m) | 캐나다 | kae-na-da |
| Cazaquistão (m) | 카자흐스탄 | ka-ja-heu-seu-tan |
| Chile (m) | 칠레 | chil-le |
| China (f) | 중국 | jung-guk |
| Chipre (m) | 키프로스 | ki-peu-ro-seu |
| Colômbia (f) | 콜롬비아 | kol-lom-bi-a |
| Coreia do Norte (f) | 북한 | buk-an |
| Coreia do Sul (f) | 한국 | han-guk |
| Croácia (f) | 크로아티아 | keu-ro-a-ti-a |
| Cuba (f) | 쿠바 | ku-ba |
| Dinamarca (f) | 덴마크 | den-ma-keu |
| Egito (m) | 이집트 | i-jip-teu |
| Emirados Árabes Unidos | 아랍에미리트 | a-ra-be-mi-ri-teu |
| Equador (m) | 에콰도르 | e-kwa-do-reu |
| Escócia (f) | 스코틀랜드 | seu-ko-teul-laen-deu |
| Eslováquia (f) | 슬로바키아 | seul-lo-ba-ki-a |
| Eslovénia (f) | 슬로베니아 | seul-lo-be-ni-a |
| Espanha (f) | 스페인 | seu-pe-in |
| Estados Unidos da América | 미국 | mi-guk |
| Estónia (f) | 에스토니아 | e-seu-to-ni-a |

| Finlândia (f) | 핀란드 | pil-lan-deu |
| França (f) | 프랑스 | peu-rang-seu |

## 100. Países. Parte 2

| Gana (f) | 가나 | ga-na |
| Geórgia (f) | 그루지야 | geu-ru-ji-ya |
| Grã-Bretanha (f) | 영국 | yeong-guk |
| Grécia (f) | 그리스 | geu-ri-seu |
| Haiti (m) | 아이티 | a-i-ti |
| Hungria (f) | 헝가리 | heong-ga-ri |
| Índia (f) | 인도 | in-do |
| Indonésia (f) | 인도네시아 | in-do-ne-si-a |
| Inglaterra (f) | 잉글랜드 | ing-geul-laen-deu |
| Irão (m) | 이란 | i-ran |
| Iraque (m) | 이라크 | i-ra-keu |
| Irlanda (f) | 아일랜드 | a-il-laen-deu |
| Islândia (f) | 아이슬란드 | a-i-seul-lan-deu |
| Israel (m) | 이스라엘 | i-seu-ra-el |
| Itália (f) | 이탈리아 | i-tal-li-a |
| Jamaica (f) | 자메이카 | ja-me-i-ka |
| Japão (m) | 일본 | il-bon |
| Jordânia (f) | 요르단 | yo-reu-dan |
| Kuwait (m) | 쿠웨이트 | ku-we-i-teu |
| Laos (m) | 라오스 | ra-o-seu |
| Letónia (f) | 라트비아 | ra-teu-bi-a |
| Líbano (m) | 레바논 | re-ba-non |
| Líbia (f) | 리비아 | ri-bi-a |
| Liechtenstein (m) | 리히텐슈타인 | ri-hi-ten-syu-ta-in |
| Lituânia (f) | 리투아니아 | ri-tu-a-ni-a |
| Luxemburgo (m) | 룩셈부르크 | ruk-sem-bu-reu-keu |
| Macedónia (f) | 마케도니아 | ma-ke-do-ni-a |
| Madagáscar (m) | 마다가스카르 | ma-da-ga-seu-ka-reu |
| Malásia (f) | 말레이시아 | mal-le-i-si-a |
| Malta (f) | 몰타 | mol-ta |
| Marrocos | 모로코 | mo-ro-ko |
| México (m) | 멕시코 | mek-si-ko |
| Myanmar (m), Birmânia (f) | 미얀마 | mi-yan-ma |
| Moldávia (f) | 몰도바 | mol-do-ba |
| Mónaco (m) | 모나코 | mo-na-ko |
| Mongólia (f) | 몽골 | mong-gol |
| Montenegro (m) | 몬테네그로 | mon-te-ne-geu-ro |
| Namíbia (f) | 나미비아 | na-mi-bi-a |
| Nepal (m) | 네팔 | ne-pal |
| Noruega (f) | 노르웨이 | no-reu-we-i |
| Nova Zelândia (f) | 뉴질랜드 | nyu-jil-laen-deu |

## 101. Países. Parte 3

| Países (m pl) Baixos | 네덜란드 | ne-deol-lan-deu |
|---|---|---|
| Palestina (f) | 팔레스타인 | pal-le-seu-ta-in |
| Panamá (m) | 파나마 | pa-na-ma |
| Paquistão (m) | 파키스탄 | pa-ki-seu-tan |
| Paraguai (m) | 파라과이 | pa-ra-gwa-i |
| Peru (m) | 페루 | pe-ru |
| Polinésia Francesa (f) | 폴리네시아 | pol-li-ne-si-a |
| | | |
| Polónia (f) | 폴란드 | pol-lan-deu |
| Portugal (m) | 포르투갈 | po-reu-tu-gal |
| Quénia (f) | 케냐 | ke-nya |
| Quirguistão (m) | 키르기스스탄 | ki-reu-gi-seu-seu-tan |
| República (f) Checa | 체코 | che-ko |
| República (f) Dominicana | 도미니카 공화국 | do-mi-ni-ka gong-hwa-guk |
| Roménia (f) | 루마니아 | ru-ma-ni-a |
| | | |
| Rússia (f) | 러시아 | reo-si-a |
| Senegal (m) | 세네갈 | se-ne-gal |
| Sérvia (f) | 세르비아 | se-reu-bi-a |
| Síria (f) | 시리아 | si-ri-a |
| Suécia (f) | 스웨덴 | seu-we-den |
| Suíça (f) | 스위스 | seu-wi-seu |
| Suriname (m) | 수리남 | su-ri-nam |
| | | |
| Tailândia (f) | 태국 | tae-guk |
| Taiwan (m) | 대만 | dae-man |
| Tajiquistão (m) | 타지키스탄 | ta-ji-ki-seu-tan |
| Tanzânia (f) | 탄자니아 | tan-ja-ni-a |
| Tasmânia (f) | 태즈메이니아 | tae-jeu-me-i-ni-a |
| Tunísia (f) | 튀니지 | twi-ni-ji |
| Turquemenistão (m) | 투르크메니스탄 | tu-reu-keu-me-ni-seu-tan |
| | | |
| Turquia (f) | 터키 | teo-ki |
| Ucrânia (f) | 우크라이나 | u-keu-ra-i-na |
| Uruguai (m) | 우루과이 | u-ru-gwa-i |
| Uzbequistão (f) | 우즈베키스탄 | u-jeu-be-ki-seu-tan |
| Vaticano (m) | 바티칸 | ba-ti-kan |
| Venezuela (f) | 베네수엘라 | be-ne-su-el-la |
| Vietname (m) | 베트남 | be-teu-nam |
| Zanzibar (m) | 잔지바르 | jan-ji-ba-reu |